M. RENAN

ET

ARTHUR SCHOPENHAUER.

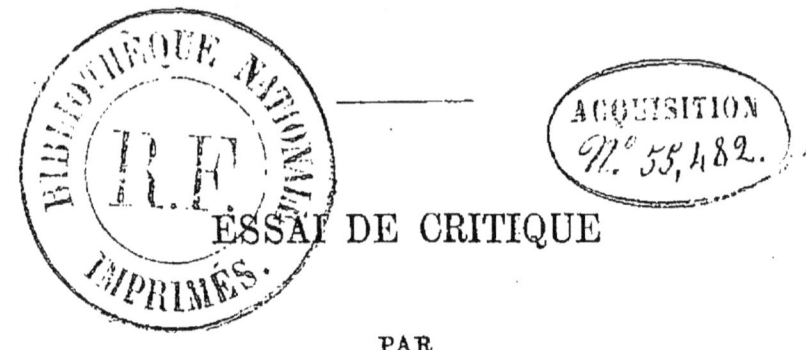

ESSAI DE CRITIQUE

PAR

ALEXANDRE DE BALCHE.

Vitam impendere vero.
(Juvenalis, sat. IV. 91.)

ODESSA

CHEZ L'AUTEUR.

EN COMMISSION CHEZ F. A. BROCKHAUS A LEIPZIG.

1870.

M. RENAN ET ARTHUR SCHOPENHAUER.

> Eleusis servat quod ostendat
> revisentibus. — Sen. (nat. quaest. VII, 31).

« La Monarchie constitutionnelle en France » par M. Ernest Renan, prouve une fois de plus la justesse de l'observation placée par Diderot dans le « Neveu de Rameau »: « Ceux qui vivent d'une science, ne sont pas toujours ceux qui la possèdent et la cultivent sérieusement. » La tâche que je me suis imposée dans cette critique, consiste à prouver, le livre de M. Renan en mains, la justesse de cette appréciation, peu courtoise peut-être, mais vraie.

Je vais donc analyser le livre de M. Renan, séparer les quelques vérités qu'il contient des erreurs qui les enveloppent et prouver à l'auteur qu'il est impardonnable à un savant d'ignorer des choses qu'il saurait certainement, si la philosophie était pour lui un objet de recherches et non un moyen. Je fais suivre cette critique de la traduction d'un article d'Arthur Schopenhauer, concernant la politique et la jurisprudence. Cette traduction, *ad usum professorum philosophiæ*, a été motivée par l'ignorance des savants français en matière de philosophie allemande. Que ce génie, qui est parti des résultats obtenus par Kant pour arriver à une hauteur et à une puissance d'idées que nul homme de son siècle n'a atteint, ait été systématiquement ignoré en Allemagne dans les chaires de philosophie, qui recevaient leur mot d'ordre de Hégel, Fichte et Schelling, auxquels Schopenhauer a porté des coups que la vanité ne pardonne pas, — cela s'explique par la jalousie de ces hommes, qui faisaient un métier de la science, que Schopenhauer n'a jamais considérée autrement que comme une recherche consciencieuse de la vérité, exempte de tout interêt personnel. D'ailleurs, nul n'est prophète dans son pays. Mais que des professeurs de l'Institut en France, où la science se pique d'être indépendante, puissent ne pas connaître les œuvres de l'homme qui a réfuté dans ses écrits, avec la clarté et la logique serrée du génie, tous les sophismes débités par Hégel et ses disciples, sophismes dont se nourrissent jusqu'à ce jour la plupart des philosophes français, cela prouve seulement que dans la patrie de Boileau on connaît les œuvres de Boileau, sans pratiquer ses préceptes, et qu'on oublie trop souvent son conseil: «*Avant que d'écrire, apprenez à penser.*»

L'extrait dont je joins ci-après la traduction (traduction qui ne restera pas isolée, si mes lecteurs veulent bien encourager ce travail) a pour but de prouver aux esprits sobres que M. Renan eût certainement épargné à ses lecteurs et à sa renommée l'exhibition de toutes les idées fausses et des banalités que contient son ouvrage, s'il s'était seulement donné la peine d'étudier les écrits de Schopenhauer, et d'y apprendre des vérités que 10 ans après la mort de ce grand homme il est honteux d'ignorer Le lecteur se demandera peut-être ce que c'est que cette autorité que je voudrais imposer à des savants? Je répondrais à cela: lisez les œuvres de Schopenhauer, et vous verrez que c'est le bon-sens, la raison et la sincérité qui sont les autorités auxquelles je fais appel, et que si je m'adresse au public d'aujourd'hui pour demander la reconnaissance de ce génie méconnu, c'est parce que la mort de Socrate et la vie de Schopenhauer nous prouvent suffisamment que la rapidité de la renommée d'un homme est en raison inverse de son mérite: «Le fondement de toute gloire véritable, c'est l'estime sentie: mais la plupart des hommes ne sont capables d'estime sentie, qu'envers ce qui leur ressemble, c'est à dire envers le médiocre. Donc, la plupart des hommes n'auront pour les ouvrages de génie, jamais qu'une estime sur parole. Celle-ci se fondant sur l'estime sentie d'un très-petit nombre d'individus supérieurs capables d'apprécier les ouvrages du génie, nous voyons la raison de la lenteur de l'accroissement de la véritable gloire.» (Oeuvres posthumes de Schopenhauer.) Mais pour être lente, cette gloire n'en est pas moins sûre, et le devoir des savants serait d'aller au devant de la gloire des grands hommes méconnus des masses, et de ne pas se laisser traîner à la remorque de l'opinion comme l'ont fait les Français pour Shakespeare. Après 40 ans d'oubli prémédité de la part de messieurs les professeurs de philosophie en Allemagne, Schopenhauer a eu la joie d'assister, presqu'à la veille de sa mort, à la troisième édition de son grand ouvrage: « *Die Welt als Wille und Vorstellung*». Si messieurs les professeurs de philosophie en France ne se dépêchent de faire la connaissance de cette œuvre, quelques moments de retard encore pourraient avoir la conséquence fâcheuse de les faire confondre avec le *malignum vulgus*.

A ceux qui reprocheront à cette critique l'absence de la courtoisie qu'on est convenu de maintenir entre écrivains, je répondrai que je ne suis pas un écrivain de métier, et que je ne saisis la plume que parce qu'il me semble que par le temps de liberté de la presse où nous vivons, le seul antidote possible contre le poison moral des idées erronées mises en circulation, c'est l'opinion sincère de ceux qui ne sont que platoniquement intéressés aux débats. J'aime la courtoisie, mais j'aime encore plus la vérité.

Amicus Plato, sed magis amica veritas, et j'ai malheureusement rencontré dans l'ouvrage que j'examine un manque de recherches approfondies, et un abus d'appels à la gloire de la France, pour lesquels il m'a été impossible de trouver des paraphrases atténuantes. Abordons maintenant l'analyse de l'opuscule en question.

M. Renan commence son introduction par cette phrase: « l'histoire n'est ni une géométrie inflexible, ni une simple succession d'incidents fortuits ». Nous aurions le droit, après cela, de nous attendre à une nouvelle définition de l'histoire selon M. Renan; mais il se contente de nous dire que « les choses humaines, bien qu'elles déjouent souvent les conjectures des esprits les plus sagaces, prêtent néanmoins au calcul ». Si on se donnait la peine de mettre en vers cette belle phrase, elle pourrait servir à enrichir d'un couplet de plus la chanson de l'illustre M. de la Palisse, car elle ne nous indique pas comment M. Renan comprend l'histoire, dont le grand Goethe a si bien défini la valeur, en mettant dans la bouche de Faust cette bonne leçon adressée à son commensal Wagner:

«Mein Freund, die Zeiten der Vergangenheit
Sind uns ein Buch mit sieben Siegeln;
Was ihr den Geist der Zeiten heisst,
Das ist im Grund der Herren eigner Geist,
In dem die Zeiten sich bespiegeln.
Da ist's dann wahrlich oft ein Jammer,
Man läuft euch bei dem ersten Blick davon.
Ein Kehrichtfass und eine Rumpelkammer
Und höchstens eine Haupt- und Staatsaction,
Mit trefflichen pragmatischen Maximen,
Wie sie den Puppen wohl im Munde ziemen!»

M. Renan parle avec dédain des détails de l'histoire, comme si, sans la connaissance des détails, il était possible de trouver les motifs moraux d'une action, qui certes importent bien plus que le fait, à celui qui cherche dans l'histoire un enseignement et non des renseignements. Une bonne biographie, comme p. e. celle de Beaumarchais par Louis de Loménie, un drame de Shakespeare, un portrait de Van Dyck, feront plus pour les progrès de l'histoire, que les écrits de ceux qui, comme M. Renan, font fi «des volontés individuelles et des rencontres du hasard». «*Eadem sed aliter*», telle devrait être, selon Schopenhauer, la devise de l'histoire. Ce n'est donc qu'en recherchant l'individu et les mobiles de sa volonté, et non les généralités et les faits accomplis, qu'on pourra avec le temps faire une science de ce qui n'est aujourd'hui qu'un dictionnaire de connaissances d'une exactitude bien précaire.

« C'est dans cet esprit (hélas! nous venons de voir dans quel esprit) que nous voudrions, dit l'auteur, proposer quelques observations sur les graves événements accomplis en cette année 1869. La philosophie que nous porterons dans cet examen n'est pas celle de l'indifférence. » Est-ce un membre de l'académie des sciences qui parle, ou un candidat à la chambre qui fait une profession de foi à ses electeurs? La Chambre exige de ses membres une certaine indépendance et la législation a établi l'incompatibilité de la fonction de député avec d'autres fonctions. Il est étonnant que la science soit moins scrupuleuse que la politique en matière d'indépendance, elle qui en a certes plus besoin, à cause de la portée bien plus étendue de ses votes, et que l'Institut s'incline devant le corps législatif. Le vote du député influe sur les affaires de ses contemporains, l'erreur du savant pèse quelquefois sur le sort de plusieurs générations.

La philosophie, qui est la science des sciences, doit, n'en déplaise à M. Renan, être indifférente pour pouvoir être indépendante, et le savant qui veut entrer dans la mêlée politique, ressemble au chef d'état-major d'une armée qui voudrait monter la garde aux avant-postes du camp qu'il a disposé. Dans l'un comme l'autre cas, c'est une dérogation. On n'a pas besoin d'un général pour monter la garde comme on n'a pas besoin d'un savant pour la politique quotidienne. Un savant peut être un homme de génie, et dans ce cas il ferait un mauvais ministre, parce qu'un ministre ne doit être qu'un homme de talent, et voici pourquoi: la première condition de la possibilité d'un ministre, c'est le succès, et nous savons que le succès des vrais génies ne commence que bien après leur mort. Si M. Renan a encore, comme il nous semble, la prétention de se mêler des affaires de son pays, il doit renoncer au désir de lui dire « bien exactement, et sans le sacrifice d'une nuance, ce qu'il croit être la vérité ». Ou il n'est pas un vrai savant, ou il doit sacrifier à la science l'ambition d'être un homme politique. Le vrai savant a pour mission de redresser les erreurs des hommes, et de leur offrir un enseignement. Chargé de cette noble tâche, il a bien assez de peine pour avoir la peau sauve, en disant la vérité à ses concitoyens sans chercher encore à entrer dans la bagarre politique; témoin Jésus, dont M. Renan doit connaître la biographie.

L'entrée en matière de M. Renan est une apologie de la révolution française, accompagnée du mouvement de grosse caisse presque inévitable chez tout auteur français: «En un sens, dit-il, la révolution française (l'Empire dans ma pensée [celle de M. Renan bien entendu] fait corps avec elle) est la gloire de la France.» *Entendons nous!* Qui oserait dire le contraire? le peuple est souverain et a le droit de changer de gouvernement toutes les fois que le souverain cesserait de tenir le pacte conclu explicitement ou implicitement avec la nation, pacte qu'on pourrait résumer ainsi: le souverain dispose d'un certain pouvoir, à la condition de protéger par ce pouvoir l'individu contre l'individu, et la nation contre l'étranger, et c'est à cette condition que chacun lui fait volontiers le sacrifice d'une partie de sa liberté. Mais une révolution ne doit et ne peut être qu'une dure extrémité. La présenter au peuple comme un sujet de gloire, est aussi fou que criminel. D'ailleurs, la révolution française n'est, moins que toute autre, un sujet de gloire, ou un exemple à suivre, car si l'on veut, comme le fait M. Renan, lui attribuer une influence directe sur tout ce qui se passe en France depuis 80 ans, on arriverait à la triste conclusion, que c'est une révolution mal faite, c'est à dire, mal commencée et pas achevée. Ou la révolution française a été faite à la française,

c. à d. légèrement, follement, sans besoin et sans fruit, comme la terreur rouge, l'Empire et la terreur blanche l'ont prouvé, ou cette révolution n'est pas achevée. Dans l'un et dans l'autre cas, il serait pour le moins ridicule de parler de gloire, et je crois fermement que la nation française n'a pas d'ennemis plus dangereux que ceux qui l'encencent de gloire sous prétexte de 1789, qui la prennent par son côté faible, *la vanité*, au lieu de s'adresser à ses bonnes qualités: *la compassion* et *le dévouement intelligent*.

M. Renan nous parle de la Judée, de la Grèce et de l'Italie, en nous disant que «les nations qui ont dans leur histoire un fait exceptionnel, expient ce fait par de longues souffrances et souvent le payent de leur existence nationale». Mais quel est le fait exceptionnel qu'expierait la France? La Judée, la Grèce et l'Italie ont été les degrés de la civilisation, dont l'humanité a profité, mais la France n'a pas cette excuse. L'ignorance du Français n'a de rivalité à craindre que de sa vanité. C'est avec peine qu'il parvient à réprimer son étonnement quand on lui dit que des arbres poussent ailleurs qu'en France, et que les hommes en Russie ne marchent pas à quatre pattes. Durant les trois années que j'ai vécu à Paris en qualité d'attaché d'ambassade, je n'y ai pas vu cinq Français qui connussent une autre langue que la leur, et je crois être indulgent en disant que sur 100 Français, 95 parlent l'argot des boulevards au lieu de la langue de Boileau, et quant aux Françaises, depuis le faubourg St.-Germain jusqu'au quartier Bréda, l'histoire de France et l'orthographe sont bien tout ce qu'il est humainement possible de leur demander, et encore! Si la France souffre, ce n'est donc pas pour les autres nations, c'est par sa vanité qu'on a exploitée par des moyens variés à l'infini. Un savant comme M. Renan devrait avoir honte de recourir à ce moyen de succès infaillible il est vrai, mais antipatriotique, et il devrait ne jamais oublier que le savant doit marcher à la tête, et non à la file de ses concitoyens. M. Renan avoue bien que la France, «après avoir versé des flots de sang», est encore bien loin du but que se proposait la Révolution. Rien n'est plus vrai, mais dans ce cas, qu'il me soit permis de demander à M. Renan, s'il est bien sage et humain de chanter à tout moment les louanges de cette révolution, de parler «de la situation poétique et romanesque» qu'elle à créée a la France, en un mot d'encenser de gloire une nation, qui sans cela déjà n'est guère un *monstrum* de modestie. Parler souvent de la gloire du pays, c'est le moyen des gouvernements insolvables, moyen bas et ignoble comme le flatteur,

« qui vit aux dépens de celui qui l'écoute ».

Mais la science doit dédaigner ce moyen de se rendre populaire, parce qu'elle doit toujours être au-dessus de la popularité. J'applaudis des deux mains quand j'entends M. Renan expliquer la cause réelle de l'avortement du travail politique de la France dans les termes suivants : « Malgré le feu étrange qui l'animait », dit-il, « la France, à la fin du XVIIIe siècle, était assez ignorante des conditions d'existence d'une nation et de l'humanité. » Mais pourquoi faut-il qu'après une bonne vérité comme celle-ci, M. Renan ne puisse s'abstenir d'anéantir le bon effet qu'on pourrait attendre de cet enseignement, en terminant son opuscule par l'éternel et inévitable mouvement de grosse caisse, qui ne fait jamais honneur à la plume qui s'y prête. Ce mouvement de grosse caisse, me voilà forcé de le transcrire, hélas ! textuellement : « Hâtons nous de le dire d'ailleurs », dit M. Renan, « des défauts aussi brillants que ceux de la France sont à leur manière des qualités. La France n'a pas perdu le sceptre de l'esprit, du goût, de l'art délicat, de l'atticisme ; longtemps encore, elle fixera l'attention de l'humanité civilisée, et posera l'enjeu sur lequel le public européen engagera ses paris. Les affaires de la France sont de telle nature, qu'elles divisent et passionnent les étrangers, autant et souvent plus que les affaires quotidiennes de leur propre pays. Le grand inconvénient de son état politique, c'est l'imprévu; mais l'imprévu est à double face: à côté des mauvaises chances il y a les bonnes, et nous ne serions nullement surpris qu'après de déplorables aventures, la France ne traversât des années d'un singulier éclat.» A la même page, l'auteur nous dit que «la France peut tout, excepté être médiocre.» Voilà bien le Français, qui est sûr de parler à des Français. Je prendrai la liberté de demander à M. Renan de quel nom il consentirait à appeler la vanité, vraiment féminine, qui est logée au fond de tout caractère français, si ce n'est du nom de *médiocrité?* Qu'est ce que le succès de la «Lanterne» en 1868 et celui du «Siècle» en 1864, sinon la preuve que tout ce qui est médiocre réussit en France, pourvu qu'on y ajoute une certaine dose de clinquant, de ronflant, et qu'on parle au peuple de temps en temps de la gloire de la France ou de celle de sa révolution. Et M. Rouher comme homme d'état, et M. Cousin comme philosophe, et M. Thiers comme historien*, et Victor Hugo comme

---

* Je ne parle ici, bien entendu, que de M. Thiers l'historien, car comme homme politique je le mets bien au-dessus de ses romans historiques.

poéte* comment les appeler autrement que des médiocrités? et malgré cela ils ont eu du succès, parce qu'ils ont su directement ou indirectement parler à la France de *sa gloire* et elle n'est jamais restée sourde à cet appel. La gloire, voilà la maladie de la France; maladie sérieuse, parce qu'on la traite légèrement, et qui menace de devenir chronique, grâce a ceux qui, au lieu de la guérir, ne pensent qu'a en faire leur profit; quand le gouvernement a besoin de l'approbation du peuple pour se faire pardonner une énormité, ou son favoritisme, ses folles dépenses, ses haines personnelles et quelquefois simplement son ineptie, que fait-il? Il en appelle à la gloire de la nation! Quand un savant ou un philosophe éprouve le désir d'acquérir promptement une popularité difficile à atteindre pour tous ceux qui sont au-dessus du niveau intellectuel des masses, que fait-il? Il affecte le langage populaire, et il prend la peine de parler aux Français de la gloire de leur révolution! Comment voulez-vous que dans ces conditions une nation, qui n'est pas moins ignorante que les autres, n'ait pas la fièvre de la gloire et que cette maladie nonseulement ne lui enlève pas le repos, mais ne lui rende

---

* Et les pantins comme Rochefort, pour lesquels on fait couler le sang à flots.

pas odieux le repos des autres? En comparant la France à l'Angleterre, M. Renan veut expliquer ainsi la cause des issues différentes de leurs révolutions respectives: la France, dit-il, « procéda philosophiquement en une matière où il faut procéder historiquement », et c'est à cause de cela, dit-il, que « l'Angleterre, qui ne se pique de nulle philosophie, s'est trouvée mille fois plus libre que la France, qui avait si fièrement planté le drapeau philosophique des droits de l'homme ».

Le fait est exact, mais les causes sont mal expliquées, si toutefois elles le sont. Est-ce la faute de la philosophie, si les esprits incultes et superficiels ne la comprennent pas? L'Angleterre a eu au moins autant de philosophes que la France, mais les philosophes anglais étaient plus profonds, plus sérieux, si l'on veut plus lourds, et par conséquent moins populaires, que les philosophes français, et la philosophie a influencé les événements dans les deux pays, comme elle finit toujours par e faire. En France, cette influence a été directe, t c'est là le malheur de la révolution française. e malheur, on doit l'attribuer à la légèreté du aractère français, qui, avant de saisir une dée, et de se donner la peine de la bien comprendre, eut l'appliquer. En ce moment on fait la même hose en Russie; on cherche par des mesures violentes à introduire dans la pratique une théorie mineure et peu solide. Je ne doute pas que de grands malheurs ne châtient le socialisme autocratique de ce gouvernement. Mais on ne saurait attribuer ce malheur à la philosophie dont l'influence, inévitable d'ailleurs, est toujours salutaire quand elle n'est pas directe. Le peuple anglais au contraire, est plus lent, mais plus prudent, il ne prend à la philosophie que ce qui a été bien élaboré et ce qu'il sûr d'avoir bien compris. Si on voulait établir un parallèle entre les deux pays, il faudrait faire une étude des caractères des deux nations et de leurs philosophes: d'un côté le caractère anglais et la philosophie de Fr. R. Bacon, de l'autre le caractère français et la philosophie de Descartes. On arriverait alors à des conclusions plus vraies et surtout moins superficielles que celles de M. Renan. Ce n'est donc la faute ni de Voltaire ni de Vauvenargues, ni de Condorcet, ni de Diderot, mais la faute du peuple français, qui veut tout savoir sans rien apprendre, et dominer le monde pour obéir ensuite à celui qui saura le flatter. Voilà ce que M. Renan n'a pas eu le courage de dire, parce qu'un homme dont le métier est d'écrire et d'enseigner, ne désire guère se brouiller avec son public. Mais nous autres, qui n'avons pas de métier, c'est notre devoir de dire aux Français les dures vérités, qui, s'ils en profitent, empêcheront cette nation, malgré tout si aimable et si bonne, de mourir de vanité. Quoique cette maladie ne soit pas inscrite dans le catalogue médical, elle existe, et n'en est pas moins réellement dangereuse.

Dans ses recherches sur les causes des tentatives révolutionnaires en France, recherches qui sont encore moins heureuses que son parallèle entre la France et l'Angleterre, M. Renan tombe sur un mot qui est la pierre d'achoppement de presque tous les écrivains français. Naturellement M. Renan trébuche comme les autres, et tombe dans un déluge de phrases, bien senties, peut-être, mais bien mal pensées. Il s'agit de la société humaine, que la révolution française aurait envisagée d'un point de vue trop matérialiste, et qui, selon M. Renan, est « un grand fait providentiel », « la mère de tout idéal », et encore le produit direct de la volonté suprême. « Sans partager ses idées » au sujet des révolutionnaires français, dont l'erreur principale était (et est encore jusqu'aujourd'hui) de poursuivre un but impossible : l'égalité, le nivellement, le règne d'une justice absolue et abstraite, toutes choses incompatibles avec les misères humaines, je ne puis m'empêcher de reconnaître que toutes fausses qu'étaient ces idées, c'étaient cependant des idées, tandis que le fatras que M. Renan demande ou attribue à la société humaine est un amas de phrases tellement ronflantes, qu'il me répugne de les recopier ici. Je renvoie donc le lecteur aux pages 20—23 de « la Monarchie constitutionnelle » et je me borne à le prier d'y comparer le raisonnement sain et serré de Schopenhauer qui traite le même sujet dans l'article « Jurisprudence et Politique » dont je joins ci-après une traduction qui édifiera ceux des lecteurs qui ne lisent pas l'allemand. C'est en lisant Schopenhauer et en faisant la comparaison, qu'on verra la différence qu'il y a entre celui qui a mis sa pensée au service de la vérité, cette chaste beauté qui ne se donne pas à tout venant, et celui qui n'écrit que pour plaire au public. Pour être juste, je ne passerai pas sous silence l'éloge que mérite M. Renan pour l'appréciation qu'il fait des aspirations du peuple français. (p. 26.) « Le peuple », dit M. Renan, « soutiendra que la justice ne sera complète, que quand tous les Français seront placés, en naissant, dans des conditions identiques. » J'ai habité la France durant trois années consécutives, et j'y ai vu combien est formidable l'envie qu'inspire à la basse classe tout ce qui est au-dessus d'elle, soit par l'intelligence, soit par la naissance, soit par la fortune. M. Renan nous dit que « quand Gubbio ou Assise voyait défiler en cavalcade la noce de son jeune seigneur, nul n'était jaloux », et moi, j'affirme qu'il est impossible de traverser le faubourg St.-Antoine en équipage tant soit peu élégant sans s'entendre crier des injures par les gamins ou les voyous. M. Renan a donc raison de constater le fait, mais il a tort de taire les raisons de ce phénomène, qui n'existe ni en Allemagne, ni en Angleterre, ni même en Russie où le gouvernement est démocrate. Cette raison, que M. Renan, qui est plus habile qu'il ne veut bien l'avouer dans sa préface à la dernière édition de sa « Vie de Jésus », ne veut pas dire, je vais la démontrer avec toute la franchise et l'équité d'un étranger, qui a des sympathies pour ce peuple français, si bon, si généreux et si aimable, mais qui n'est aveuglé ni par le patriotisme, ni par des intérêts personnels qui exigent des ménagements.

L'envie est un tourment qui est la conséquence en même tems que le châtiment de la vanité. L'homme vain est intolérant pour tout ce qui lui est supérieur, et s'il ne peut empêcher qu'on le surpasse, il croit se dédommager en enviant celui qui est au-dessus de lui, sans vouloir tenir compte des raisons et des causes de la supériorité de son rival. L'envie est donc une conséquence fort naturelle de la vanité inhérente au caractère français. Chaque nation a ses défauts, mais jamais un défaut de caractère n'a aussi puissamment influencé les destinées d'un peuple que la vanité française. D'où vient que ce défaut a atteint des dimensions si colossales et si inquiétantes, qu'il a souvent fait le malheur de la France et qu'il trouble sans cesse le repos de l'Europe? M. Renan, qui est un homme habile, ne veut pas le dire. Comme je n'ai pas besoin d'être habile, je le dirai, moi. J'ai lu souvent dans la Revue des deux Mondes des articles où l'on a dit quelquefois de bien dures vérités à mon pays; j'en ai fait mon profit, je les ai adoptées et je les ai répétées quand elles me paraissaient justes. La seule manière que j'aie trouvé de prouver à la Revue des deux Mondes toute la reconnaissance que je lui dois, c'est de lui rendre la pareille et de lui dire «*ce que nous croyons être la vérité sur les Français et la France.*» Notre avis est que si ce défaut, inoffensif en apparence, mais terrible et plein de dangers en réalité, a pu croître et embellir jusqu'à devenir un *monstrum per excessum*, c'est qu'il a été encouragé et exploité sans vergogne, tant par les démagogues, que par quelques-uns des gouvernements que la France a subis. En effet, depuis la «révolution victorieuse» jusqu'à nos jours, que disent les démagogues? A commencer par les hommes de talent comme Mirabeau, Camille Desmoulins, Benjamin Constant etc. et en finissant par les exploiteurs comme Victor Hugo, et les pantins comme Rochefort, tous, tant qu'ils sont, ils ne parlent qu'à la vanité ou à l'envie. Ils parlent à la vanité, quand on peut dire aux Français qu'on ne leur donne pas assez de gloire. Ils s'adressent à l'envie quand ils découvrent les plaies de ceux qui les gouvernent. Qu'on dise vrai ou qu'on calomnie, le moyen est également mesquin, et le succès est immanquable. Telle est mon opinion sur le rôle des démocrates populaires en France! Voyons maintenant si les gouvernements valent mieux que ceux qui les renversent. Comment Napoléon Ier se maintint-il durant tout son règne, qui était une négation formelle des principes de 89? En gagnant des batailles. Je passe les deux restaurations, à cause de ces habitudes vicieuses, contractées en exil, qui les désignaient d'avance à la chute en partie méritée qui les a enlevées, et j'arrive au règne de Louis-Philippe. D'où vient cette chute inattendue d'un gouvernement qui a relativement bien peu coûté à la France, en hommes comme en argent? C'est le manque de prestige qui a renversé Louis-Philippe. En politique on peut dire aux peuples: dis-moi ce qu'il te faut de prestige, je te dirai ce que tu as de vanité. Le manque de prestige est la cause de cette révolution de Février, qui emporta dans un fiacre le dernier Roi. Voyons maintenant comment le second empire a pu durer 18 ans? L'Empire, comme tout nouveau pouvoir, est le fait d'un ambitieux. C'est dans l'ordre des choses et aucun homme sensé n'enviera le sort de ceux qui sont possédés de cette maladie. Mais encore faut-il que l'ambitieux apporte, comme enjeu de la partie, un désinteressement qui élève sa passion au-dessus du vulgaire. Je suis, comme Schopenhauer, partisan du système monarchique, et je ne suis pas trop sévère pour ceux qui emploient une certaine dose de violence pour faire cesser cet état de choses anormal qu'on appelle une république, mais encore faut-il que le *pacte fondamental* des monarchies soit observé par celui qui ne craint pas d'assumer un devoir aussi lourd. Le pacte fondamental consiste en ce que celui qui tient entre ses mains les rênes du pouvoir, devienne à un tel point la personification de la nation qui s'est confiée à lui, qu'il oublie complétement sa personne et les intérêts de sa famille pour ne penser qu'à ceux de son peuple. C'est là la raison d'être des monarchies, et c'est ce qui donne à ce système d'immenses avantages sur les républiques. Dans les monarchies où la dynastie a plusieurs générations d'existence non interrompue, cette condition est toute naturelle et sous-entendue, sans que qui que ce soit pense à la discuter. La force de l'habitude, la confiance en soi-même que donne l'hérédité, l'exclusion de toute crainte de compétition, font que le souverain s'est tellement identifié avec son peuple, qu'il ne perd jamais son temps à penser à ses propres intérêts ou à ceux de sa famille, qui ne font qu'un avec ceux du pays. Les garanties d'une constitution tant soit peu libérale, sont suffisantes pour protéger le peuple contre les erreurs du protecteur que le hasard de l'hérédité peut amener sur le trône, car l'expérience nous prouve que la constitution la moins large, finit toujours par renverser celui qui oublie les conditions fondamentales, en vertu desquelles le maniement de la machine gouvernementale lui est confié. Le plus ou moins de libéralisme d'une constitution est une question de mesure et de tact, qui doit se régler sur le tempérament de la nation et de la personne du souverain. Mais dans les monarchies nouvelles, celui qui veut en être le fondateur doit remplacer par son génie l'œuvre du temps et de l'habitude. La tâche n'est pas facile, et la première condition de ce génie, c'est l'oubli de soi-même. Il faut que celui qui a l'ambition de fonder une dynastie commence par oublier complétement qu'il n'est qu'un parvenu, et qu'il agisse en conséquence, c.-à-d. qu'il oublie ses intérêts personnels et ceux des siens, et qu'il les risque toujours, pour ne penser qu'au bien être de son peuple. Il faut pour cela une grande ambition, l'amour du jeu et une abnégation à toute épreuve. On voit par cette définition combien la chose est difficile et par conséquent le succès rare et précaire. Examinons maintenant jusqu'à quel point Napoléon III a rempli les exigences de la position difficile que lui crée son rôle de chef de dynastie.

Constatons d'abord que les traditions et l'histoire de son oncle lui donnaient sur les autres fondateurs de dynasties un avantage dont il a abusé sans en profiter, et analysons la politique extérieure et intérieure du gouvernement français sous le second Empire.

Issu d'un complot militaire, Napoléon III n'a pas su résister au courant qui l'a amené au pouvoir. Pour satisfaire les ambitieux de l'armée d'un coté, et pour occuper de l'autre l'esprit inquiet des Français,, il s'est lancé dans les expéditions lointaines (la Syrie, la Cochinchine, le Mexique) qui ont été le thème favori, et ont fait le succès de l'opposition. Quant aux guerres européennes, étaient-elles plus raisonnables ou plus fructueuses? La guerre de Crimée n'est après tout que l'avortement d'une pensée bien vague, et cela bien heureusement pour nous autres Russes, car si nous avons perdu par elle le prestige du règne de l'Empereur Nicolas, nous avons gagné, comme compensation de la perte de cette gloire éphémère, la conscience de nos erreurs, qui a été la source des réformes nécessaires commencées sous le règne actuel. L'efficacité de ces changements salutaires dépendra, en définitive, du bon sens de la nation, aussi bien que de la modération et du tact du gouvernement russe, qui à l'heure qu'il est n'est malheureusement pas très bien inspiré, car il a entrepris dans ses provinces frontières une politique à la Louis XI, dont le succès, pour les esprits myopes, a l'air d'être facile et sûr, mais qui ne manquera certes pas de se retourner, tôt ou tard, contre l'auteur de cette immoralité. L'achèvement de ces réformes dans une mesure raisonnable, dépend certainement de ceux qui sont appelés à les exécuter, mais il n'en est pas moins vrai que c'est la guerre de Crimée qui a provoqué ce mouvement civilisateur, qui donnera à la Russie, avec le temps, les moyens de ne plus craindre de campagnes semblables. Quant à la France, qu'est ce qu'elle a gagné à cette guerre? Un boulevard de Sébastopol, un Duc de Malakoff, et une influence dans les principautés danubiennes, si immoralement exploitée, qu'elle est tombée avec la chute scandaleuse de Couza pour ne plus se relever. Sont-ce là des résultats satisfaisants pour une guerre qui a coûté tant de milliers d'hommes et tant de millions de francs? Magenta et Solferino n'ont pas donné un seul ami sérieux à Napoléon III, qui n'est pas plus aimé de Victor-Emmanuel que de Garibaldi. A Rome, la présence du chassepot français encourage toutes les inepties que les jésuites font commettre à un vieilard tombé dans l'enfance. Quel est donc en somme le caractère de la politique extérieure de Napoléon III? — C'est un esprit inquiet et inquiétant, cherchant partout des aventures et manquant complétement de principes. La France n'a, à l'heure qu'il est, pas un seul ami ni un allié sérieux, sur lequel elle puisse compter en cas de besoin, et la victoire de Sadowa peut avoir pour elle des conséquences fâcheuses trop directes. Les Anglais, qui sont un peuple d'hommes pratiques, se sont dit: nous avons dépensé des millions pour faire tomber Napoléon I, et nous nous sommes endettés bien inutilement à cette tache. *Non bis in idem.* Prenons toujours le traité de commerce, qui nous aidera à avoir chaque année des excédants de recette, pendant que la France s'endettera, et laissons à la dynastie Napoléonienne, que nous n'aimons guère, *la corde assez longue pour qu'elle ait de quoi se pendre,* comme dit le proverbe. Cette attitude, l'Angleterre l'a observée en petit vis-à-vis du prince Couza, qui n'était après tout qu'une réduction moldave de Napoléon III, et le résultat a prouvé que Lord John n'avait pas tort. Je parle ici de Lord

John Russell, qui a dit du Prince Couza, qu'il fallait lui laisser la corde assez longue pour qu'il eût de quoi se pendre. Je ne parlerai pas des sentiments de la Prusse ni de ceux de l'Autriche. Tout le monde sait que ce n'est ni à Berlin ni à Vienne que la politique française trouverait un appui sincère et sérieux en cas de besoin. Reste la Russie. Malgré les services réels rendus par la Russie a Napoléon III lors de l'annexion de la Savoie, et mille et mille avances imprudentes, faites en différentes occasions, la France a toujours opposé à la politique russe une résistance sourde, et de temps en temps une amabilité de mauvaise foi, qui finissait toujours par démasquer le sourire aigre-doux d'un ennemi. Les journaux ont parlé d'une brochure attribuée à une source officielle* et dans laquelle la Russie aurait fait à la France des offres plus ou moins séduisantes, pour cimenter une alliance franco-russe. Je ne suis pas en position de vérifier jusqu'à quel point cette source est officielle, mais si réellement cette brochure, comme l'a fait entendre « l'Indépendance Belge », émanait du ministère des affaires étrangères, cela ne prouverait qu'une chose, c'est que la politique du Prince Gortchacoff est de ne pas en avoir, comme il l'a dit une fois

---

* La brochure est intitulée: «Impasse politique.»

sans se douter que c'était vrai et que *se souvenir et prévoir* sont deux choses complétement étrangères à ce ministère des affaires étrangères. Je sais bien que la politique des ressentiments est absurde, mais celle des sentiments généreux ne l'est pas moins, et ce n'est pas au moment où le pouvoir de Napoléon III, qui n'a été pour la Russie qu'un faux ami, est si malade, qu'il serait prudent de lui tendre la main au risque de s'aliéner la Prusse, et de se brouiller d'avance avec le gouvernement que les événements peuvent faire succéder à celui que la France subit en ce moment. Si le fait de ces avances était vrai, ce dont je veux bien douter, ce serait là du Don Quichotisme politique, et cela ne prouverait pas l'habileté de la politique des Tuileries, mais bien la naïveté du cabinet de St.-Petersbourg.

Pour résumer ce que je viens de dire sur la politique extérieure du second Empire, je ne puis que répéter la pensée qui m'a inspiré au commencement : Napoléon III est pour l'Europe un esprit *inquiet et inquiétant*, et certes personne ne porterait le deuil de ce pouvoir s'il venait à succomber aux embarras qui le menacent en ce moment.

Revenons maintenant à la politique intérieure du second Empire et au livre de M. Renan: « Le « mouvement qui s'opère dans les classes populaires », dit M. Renan à la page 102 de sa brochure, « et « qui tend à donner aux individus une conscience « de plus en plus nette de leurs droits*, est un fait « si évident, que vouloir s'y opposer serait de la « pure folie. Le devoir de la politique est, non pas « de le combattre, mais de le prévoir et de s'en ac- « commoder. » Il me semble que le devoir de la politique était avant tout de ne pas provoquer ce mouvement, en attirant par des moyens factices, imaginés, au profit de l'intérêt personnel de M. Haussmann et consorts, les ouvriers, si nécessaires à l'agriculture, dans les grandes villes. Les déserteurs de la charrue ont pris des habitudes qui les empêchent à tout jamais de retourner à la campagne. Le devoir de la politique était aussi de ne pas s'adresser à la niaiserie et à la forfanterie du caractère national, et de ne pas imaginer des expéditions lointaines. En subventionnant l'Hippodrome afin d'y faire donner des représentations de la prise de Puebla et autres balivernes de ce genre, qui chatouillent l'amour-propre national au détriment du cœur et de l'esprit du peuple, le gouvernement commettait un délit semblable à celui de l'escroc qui a été condamné en police correctionnelle pour avoir vendu des autographes de Pascal à ce

---

* Il serait plus juste de dire « de leurs prétentions ».

pauvre Mr. Chasle. Si au lieu d'engloutir des millions dans ces entreprises et ces représentations inutiles et dangereuses, on avait employé cet argent à l'instruction du peuple et fait puiser, comme l'a dit un spirituel député, «M. Segris dans le budget du général Lebœuf», on aurait mis, à l'heure qu'il est, le bon sens national en garde contre les cajoleries des démagogues et on se serait évité le spectacle humiliant de voir couler du sang pour des pantins comme MM. Rochefort, Flourens & Cie. C'est qu'au lieu de combattre la démagogie, face à face, par l'instruction et par une économie sage, qui aurait donné satisfaction au besoin de bien-être des classes populaires, le gouvernement a cru plus commode de faire concurrence aux démagogues, en employant pour cela tous les moyens qui se trouvaient à sa disposition. Ce système peut avoir du succès pendant quelque temps, grâce aux grandes ressources dont un gouvernement dispose, mais à la longue, qu'arrive-t-il? M. Renan nous le dira: «Dix fois il m'a été donné, pendant une campagne «électorale, d'entendre le dialogue que voici: nous «ne sommes pas contents du gouvernement; il «coûte trop cher; il gouverne au profit d'idées qui «ne sont pas les nôtres; nous voterons pour le «candidat de l'opposition la plus avancée. — Vous «êtes donc révolutionnaires? — Nullement, une ré-

« volution serait le dernier malheur. Il s'agit seu-
« lement de faire impression sur le gouvernement,
« de le forcer à changer, de le contenir vigoureusement. » Ce renseignement vrai et précis est, à mon avis, la meilleure partie du livre de M. Renan, et il ne faut pas lui marchander l'éloge qu'il mérite pour avoir dit cette vérité, qui est la condamnation du second Empire. Au lieu de la sécurité et du repos qu'une nation a le droit de demander au souverain auquel elle a donné, avec une confiance digne d'un meilleur sort, un pouvoir presqu'illimité, Napoléon III a exploité ce peuple, en caressant ses faiblesses et en encourageant ses mauvais instincts. En s'adressant à la vanité et à l'envie des Français, au lieu de tâcher de développer le bon sens et le bon cœur de cette nation, après tout meilleure que bien d'autres, il a réussi à faire durer son gouvernement *personnel* pendant 18 ans. Je l'appelle personnel non à cause de la concentration du pouvoir, car dans ce sens toute monarchie est plus ou moins personnelle, mais je l'appelle personnelle à cause de l'égoïsme du souverain et de l'oubli des intérêts de la nation qui s'est manifesté dans la plupart de ses actes. Pour ne pas reprendre un thème suffisamment expliqué par tant d'orateurs et d'écrivains, je ne parlerai pas des guerres entreprises par Napoléon III, guerres qui n'ont été, après tout,

que des moyens de réclame pour le second Empire, et je me bornerai à signaler les faits égoïstiques des autres branches de sa politique. Qu'est-ce que la Régence si active de l'Impératrice, de cette femme si peu éclairée, qui a eu le talent de se faire la protectrice des causes et des hommes les moins dignes d'intérêt? Qu'est-ce que le favoritisme passager des Haussmann, des Pereire, des Mirès et autres personnages plus obscurs encore? Que sont les sommes *qu'on assure sur la tête du Prince impérial*, sans compter l'argent qu'on a placé probablement à la banque d'Angleterre? Égoïsme et Égoïsme maladroit et poltron! Qu'est-ce enfin que tous ces parents corses ou espagnols qu'on protège toujours, tout en les désavouant à l'occasion, sinon l'oubli du premier devoir d'un fondateur de dynastie, celui d'avoir un grand pouvoir, avec l'obligation de n'être que la personnification des intérêts, *le monogramme*, comme dit Schopenhauer, *de la nation*. Je ne suis pas un admirateur instinctif du succès, ni un détracteur zélé de l'infortune, mais il m'est impossible de plaindre un gouvernement qui ne récolte que ce qu'il a semé. Un gouvernement peut faire quelquefois des fautes de détail, et il doit pouvoir en faire sans péril pour son existence, car autrement il serait impossible, mais pour cela il faut que le principe fondamental soit bon et honnête, c'est à dire que les efforts bien ou mal compris n'aient qu'un seul but — le bien-être possible du pays en dehors de toute préoccupation pour la personne ou la famille du souverain. On me dira qu'il est impossible qu'un homme atteigne le degré d'impersonnalité qui lui permettrait d'oublier sa personne et les siens pour ne penser qu'à son pays, et que, tant que le monde sera monde, il y aura toujours du népotisme, du favoritisme et de l'égoïsme dans les actes de ceux qui seront en mesure de se permettre ces vices. Je ne conteste pas les faiblesses incorrigibles inhérentes à l'espèce humaine, mais ces faiblesses aussi, comme tout ce qui est dans la nature humaine, varient de degrés selon l'individu. Or, il me semble qu'il est permis d'exiger d'un fondateur de dynastie un désintéressement, un dévouement non-seulement au-dessus de ceux de tout autre citoyen, mais même supérieurs à ceux qui suffiraient à un souverain légitime, parce que dans le cas contraire, l'usurpation, qui coûte toujours tant de sacrifices à la nation qui la permet, perdrait sa seule raison d'être et ne serait qu'une de ces violences qui ont toujours une réaction violente pour conséquence. La seule excuse d'un coup d'état, c'est l'exécution d'une de ces mesures irrémissibles dont l'inexécution menacerait de ruine l'édifice social. On comprend alors et on excuse un certain degré de violence, nécessaire pour accomplir cette œuvre de sauvetage. Mais ce n'est pas là le cas de Napoléon III. La société n'était pas menacée au point d'avoir besoin du 2 Décembre pour se remettre dans son assiette. La France n'en était pas au point d'avoir besoin d'engloutir des milliers de vies humaines et des milliards de francs dans des expéditions lointaines pour se donner le plaisir d'avoir pour souverain le neveu d'un héros de batailles. Elle a consenti à ce métier de dupe parce qu'on a su la prendre par la *vanité*, qui est le côté le plus faible du caractère français, mais, à la longue, le seul marché possible, c'est celui qui est avantageux pour les deux parties contractantes, et tout traité unilatéral (particulier ou international) finit toujours par être dénoncé par celui qui se trouve dupé. Le seul moyen pour un gouvernement d'éviter une fausse position, c'est de s'adresser toujours au bon sens et aux bons sentiments d'une nation. L'exposé de la politique extérieure et intérieure du second Empire prouve que ce gouvernement ne s'est adressé qu'à la vanité, c'est à dire aux mauvais instincts des masses, pour tâcher de les exploiter au profit de la consolidation de la dynastie napoléonienne. Cela ne lui a pas réussi, et il n'est parvenu qu'à faire faire aux Français la réflexion qu'a indiquée M. Renan dans son livre: *nous avons un gouvernement qui coûte plus qu'il ne vaut!* Cette situation, M. Renan l'a indiquée dans un passage précité de son ouvrage. C'est son mérite. Son tort est de ne l'avoir fait que vaguement en atténuant tout ce qu'il a dit des défauts du caractère français, par des réflexions qui prouvent que le second Empire a eu une influence démoralisatrice qui s'est étendue même sur la pensée, quoiqu'elle n'ait eu pour but que le gros du public. On dit que l'Empire devient Orléaniste. Trop tard! Et pour la maladie du second Empire, les plébiscites ne sont que des vésicatoires sur une jambe de bois. Ce ne seront par les traitements symptomatiques qui le sauveront. Le mal est plus profond, il est dans la violation perpétuelle du pacte fondamental par le souverain qui ne sait pas être plus qu'un parvenu et qui ne pense qu'à sa femme et à son fils au lieu de penser à la nation qui s'est donnée à lui. Et s'il tombe, l'Europe entière dira: Bon débarras!

JURISPRUDENCE ET POLITIQUE.

Extrait des Œuvres d'Arthur Schopenhauer.

Celui qui part de l'opinion préconçue que l'idée du droit est positive, ne viendra jamais à bout de la définir d'une manière précise: il poursuivra une ombre, un fontôme, un *non-ens*. L'idée du droit, comme celle de la liberté, contient une négation. L'idée de l'injustice au contraire est positive et synonime de *lésion*, dans le sens le plus étendu *(laesio)*. Elle peut atteindre soit la personne, soit la propriété, soit l'honneur de l'individu. Il est facile après cela de formuler les droits de l'homme, qui peuvent être résumés en quelques mots: chacun a le droit de faire tout ce qui ne lèse pas les droits d'autrui.

Avoir un droit ne veut dire autre chose que pouvoir faire, prendre ou employer une chose, sans léser les droits d'autrui. — Simplex sigillum veri. —

C'est ce qui prouve l'inconsistance de certaines questions, p. e. celle de savoir si un homme a le droit de se suicider. Quant à ce qui concerne les prétentions d'autrui sur notre personne, elles ont notre existence pour condition essentielle et tombent avec elle. Exiger qu'un homme qui ne veut plus vivre pour lui même, continue à traîner son existence en qualité de machine pour l'utilité d'autrui, ce serait vraiment une prétention par trop exaltée. *

Quelle que soit la différence des forces distribuées aux hommes par la nature, leurs droits sont les mêmes, parce que ceux-ci ne sont pas basés sur la force, mais sur la nature essentiellement morale du droit, qui voit dans chaque individu un degré égal de la volonté de vivre (*Objectivation des Willens*).

Ceci, du reste, n'est valable que pour le droit abstrait que tout homme possède en sa qualité d'homme. Le nombre et la qualité des propriétés que chaque individu acquiert dans la mesure de ses forces, sont réglés

---

* Je dois ajouter ici que ceux qui ne connaissent pas les œuvres de Schopenhauer auraient tort de croire qu'il prêche le suicide. Je traduirai un jour son article sur le suicide qui est simple et vrai comme tout ce qu'il a écrit.
(Note du traducteur.)

sur la mesure et la qualité de celles-ci, et ce sont elles qui déterminent, en conséquence, l'étendue de ses droits: ici l'égalité cesse. Les mieux doués ou les plus vaillants étendent, par leur activité, le cercle de leurs droits, ainsi que le nombre d'objets qu'ils embrassent.

J'ai expliqué dans mon ouvrage principal (*Die Welt als Wille und Vorstellung*, T. II, ch. 47) la raison par laquelle l'état n'était autre chose qu'un établissement de sûreté générale, créé pour défendre l'ensemble contre les attaques extérieures, et l'individu contre les violences de ses concitoyens. Il en résulte que la nécessité de l'existence de l'état n'est basée, en dernière analyse, que sur l'injustice reconnue de l'espèce humaine, car sans celle-ci on n'aurait jamais songé à constituer un état; si personne n'avait à craindre une incursion dans le domaine de ses droits, il ne resterait qu'une association défensive contre les attaques des bêtes féroces ou contre la force des éléments, association qui n'offrirait que peu de ressemblance avec l'État, tel que nous le voyons aujourd'hui. Placé à ce point de vue, on reconnaît clairement toute la platitude et l'esprit borné des pseudophilosophes qui se plaisent à représenter cette institution comme le but suprême et la fleur de l'existence humaine, et nous offrent, par les phrases pompeuses que cette idée leur inspire, une apothéose complète du chauvinisme.

Si la justice régnait en ce monde, il suffirait d'avoir bâti sa maison pour la posséder, et ce droit de propriété si évident n'aurait besoin d'aucune autre sauvegarde. Mais l'injustice étant à l'ordre du jour, on exige encore de celui qui a bâti la maison, d'être aussi en état de la défendre, sans quoi son droit demeure de fait insuffisant, car l'agresseur aurait toujours pour lui le droit du plus fort. C'est là le droit de Spinoza qui n'en reconnaît point d'autre, quand il dit: (Tract. pol. c. 2, § 8) «*Unusquisque tantum juris habet quantum potentia valet*», et plus loin: «*Uniuscujusque jus, potentia ejus definitur*» (Eth. IV, pr. 37, ch. 1).* Spinoza semble avoir puisé cette idée dans l'ouvrage « *De Cive* » (c. 1, § 14) de Hobbes, qui joint à ce passage un bien singulier commentaire en disant que le droit du bon Dieu sur toute chose n'est basé, lui aussi, que sur sa toute-puissance.

Cette appréciation du droit a disparu de la théorie aussi bien que de la pratique de la vie privée, mais la politique ne l'a abolie qu'en théorie

---

* C'était aussi le principe du droit des gens établi par le Consolate del mare: «*ibi potestas, ubi vis armorum.*»

(Note du traducteur.)

et la laisse encore subsister dans la pratique. Nous voyons actuellement la Chine subir les conséquences de l'oubli de cette maxime. Pour n'avoir cultivé que les arts pacifiques, et négligé celui de la guerre, le plus grand empire du monde se trouve actuellement livré sans défense aux rebelles à l'intérieur, et aux attaques des Européens à l'extérieur.

L'analogie qui existe entre l'activité productive de la nature et celle de l'homme, n'est nullement fortuite, car elle est basée sur l'indentité de la volonté de vivre. C'est après l'apparition des espèces herbivores dans la nature animale, que chacune des classes d'animaux produisit inévitablement sa catégorie de bêtes féroces destinée à faire sa proie des catégories précédentes. Il en est de même des hommes : chaque fois que quelques-uns d'eux réussissent à extorquer au sol consciencieusement et à la sueur de leur front, tout ce qui est nécessaire à l'entretien d'un peuple, il se forme parmi eux une association d'hommes rapaces, qui, loin de vouloir cultiver la terre et vivre de ses produits, préfèrent risquer leur peau, leur vie et leur santé, pour pouvoir tomber à bras raccourci sur ceux qui possèdent ce qu'ils ont loyalement gagné, et s'approprier le fruit de leur travail. Ces bêtes féroces de l'espèce humaine, ce sont les peuples conquérants, que nous voyons apparaître dans les temps modernes ussi bien que dans l'antiquité, et dont les changements de fortune, les réussites et les revers, forment le sujet de l'histoire du monde. Voltaire avait par conséquent bien raison de dire que « dans toutes les guerres il ne s'agissait que de voler ». Ce qui prouve qu'ils sont honteux de ce qu'ils font, c'est que chaque gouvernement qui commence une guerre, s'empresse d'assurer hautement qu'il n'a eu recours aux armes que pour sa propre défense. Mais au lieu d'essayer de se couvrir de mensonges officiels, presque plus révoltants que l'agression elle-même, on ferait mieux d'invoquer franchement et impudemment la doctrine de Macchiavel. Celui-ci en effet ne manque pas de proclamer la maxime: « *Quod tibi fieri non vis, alteri non feceris* »; mais il n'en admet la validité que pour la morale et le droit des individus en particulier; quant aux peuples et à leur politique, il recommande l'usage de la théorie contraire: «*Quod tibi fieri non vis, alteri tu feceris.*» Si tu ne veux pas être opprimé, ne manque pas de subjuguer ton voisin en temps utile, c. a. d., quand sa faiblesse t'en offre la possibilité: car si tu laissais échapper l'occasion propice, tu pourrais voir un jour cette tête chauve dans le camp de l'ennemi, et c'est alors que tu serais inévitablement vaincu. Ta négligence ne dût-elle pas être expiée par la génération actuelle, tes descendants ne manqueraient pas d'expier chèrement la faute de leurs aïeux. Cette doctrine macchiavélique est, à mon avis, d'une mise bien plus décente pour la voracité qui cherche une excuse, que le torchon si transparent des discours présidentiels qui rappellent tous plus ou moins la fameuse histoire du lapin, accusé d'avoir attaqué un chien. Au fond, chaque état considère l'état voisin, comme une horde de brigands, prête à tomber sur lui, si l'occasion s'en présentait.

Entre l'esclavage, tel qu'il était pratiqué en Russie, et la propriété foncière anglaise, entre le serf et le fermier, le paysan ou le débiteur hypothécaire etc. la différence ne gît que dans la forme. Que ce soit le paysan qui m'appartienne ou la terre qui doit le faire vivre, l'oiseau ou sa nourriture, l'arbre ou le fruit, c'est bien au fond la même chose, et Shakespeare a raison de faire dire à Shylock:
«You take my life,
When you do take the means whereby I live.»

Le paysan libre a l'avantage, il est vrai, de pouvoir s'en aller où bon lui semble, mais le serf, le *glebae adscriptus*, a celui, plus important peut-être, que c'est le maître qui a la charge de le nourrir toutes les fois qu'une mauvaise récolte, la maladie ou la vieillesse le rend incapable de subvenir aux besoins de son existence, et il peut dormir tranquillement pendant que la mauvaise récolte donne des insomnies à son maître, qui doit se creuser la tête pour lui trouver du pain. C'est ce qui a fait dire à Ménandre (v. Stob. Florileg. vol. II, p. 38 qu. Gaisf.) «*Quanto benignum satius est dominum pati, quam vivere inopem, liberi sub nomine.*» L'homme libre possède encore un avantage: c'est celui de pouvoir, par ses talents, s'élever dans l'ordre social. Mais l'esclave n'en est pas entièrement privé non plus, car si, par un travail d'un ordre plus élevé, il sait se rendre utile à son maître, il ne manque pas la plupart du temps de se voir traité en conséquence. La plupart des ouvriers, fabricants, architectes et même les médecins de l'ancienne Rome, étaient des esclaves et il y a eu en Russie* de gros banquiers qui étaient serfs. Les serfs peuvent aussi se racheter, ce qui arrive souvent en Amérique.**

La pauvreté et l'esclavage ne sont donc que deux formes, on serait tenté de dire, deux dénominations d'une seule et même chose qui provient de ce que la plupart des forces d'un homme sont employées au profit des autres, d'où il résulte pour lui, soit

---

* Tout récemment encore.
** Et ce qui était très-fréquent en Russie jusqu'à l'époque de l'émancipation.

(Note du traducteur.)

un surcroît considérable de travail, soit une insuffisance dans la satisfaction de ses besoins. Car la nature n'a donné à l'homme que la dose de forces qui lui est strictement nécessaire pour extorquer à la terre avec des efforts modérés ce qu'il lui faut pour pouvoir subsister. Elle ne donne guère de grands excédants de forces. Il est évident que si l'on délivre une partie notable du genre humain du fardeau commun, c. a. d., du travail nécessaire à l'entretien physique de la vie, ce fardeau doit retomber de tout son poids sur le reste de l'humanité. Telle est la source du mal qui, sous les noms de prolétariat ou d'esclavage, a pesé de tout temps sur la grande majorité de l'espèce humaine. Une cause plus éloignée de cette calamité, c'est le luxe. On ne peut donner à une certaine minorité le superflu et lui accorder la satisfaction de besoins artificiels et raffinés, sans soustraire à la production de l'indispensable une grande quantité de forces humaines. Au lieu de chaumières pour eux, des milliers d'hommes sont obligés de bâtir des demeures somptueuses, destinées à l'usage d'un petit nombre d'élus; au lieu de la bure pour eux et les leurs, ils sont obligés de tisser des étoffes de soie, de fabriquer des dentelles et mille autres objets de luxe, qui ne servent qu'aux plaisirs des riches. Ces sont ces ouvriers du luxe, qui forment la majorité des populations urbaines; c'est donc pour eux et leurs pratiques, que le laboureur est obligé de labourer, semer et travailler plus que la nature ne lui en eût demandé dans d'autres circonstances. Il est astreint, en outre, à vouer beaucoup de forces productives et de terre à la culture de la vigne, du ver à soie, du houblon, du tabac, des asperges etc. etc. au lieu de les employer à la production du froment, de la pomme de terre et à l'élève du bétail. Il ne faut pas oublier dans ce compte la masse d'individus qui abandonnent l'agriculture pour s'adonner à la navigation et à la construction des navires, dans le but de nous approvisionner de thé, de sucre, de café etc. La production de ces objets superflus est la cause de la misère de ces millions de nègres, qu'on enlève de force à leur pays natal pour leur faire produire, à la sueur de leur front, les objets de nos plaisirs. En un mot, c'est la plus grande partie des forces humaines qu'on soustrait à la production de ce qui est nécessaire à tous, pour les employer à créer le superflu pour un petit nombre. Il est donc évident que le luxe a pour conséquence inévitable le surcroît de travail et la misère. Qu'on appelle cette misère pauvreté ou esclavage, prolétariat ou servitude, la seule différence sérieuse entre les deux situations, c'est que l'esclave souffre de la violence ce que le pauvre subit de la ruse. Cet état anormal de la société, cette lutte générale pour échapper à la misère, la complication de l'intérêt commercial, la navigation qui engloutit tant de vies humaines, les guerres enfin auxquelles tout cela donne lieu, n'ont d'autre cause que le luxe, et est-il besoin d'ajouter que, loin de rendre heureux ceux qui en jouissent, le luxe les prive souvent de leur santé et de leur bonne humeur. On serait porté à conclure de ce qui vient d'être dit que c'est la diminution et même l'abolition du luxe, qui serait la panacée la plus efficace contre les misères de l'humanité.

Cet ordre d'idée contient incontestablement beaucoup de vrai, mais les conclusions qu'on serait tenté d'en tirer, sont réfutées par un raisonnement qui a pour lui le témoignage de l'expérience. Car en effet, ce que l'humanité perd en forces musculaires (irritabilité) pour l'exécution des travaux de luxe, elle le regagne au centuple par l'accroissement des forces des nerfs (sensibilité, intelligence) devenues libres dans l'acception chimique du terme. Celles-ci étant d'une nature plus élevée, il est évident qu'elles surpassent de beaucoup les productions de celles-là:

«*Ut vel unum sapiens consilium multorum manuum opus superat.*» (Eur. Antiop.)

Un peuple de paysans ferait peu de découvertes et inventerait encore moins; c'est l'oisiveté des bras qui fait travailler les têtes. Les enfants du luxe, et qui oserait dire qu'il ne paye pas noblement sa dette, ce sont les perfectionnements de toutes les branches de la technologie, mécanique, chimique et physique, ce sont ces perfectionnements qui de nos jours ont élevé l'importance des machines à une hauteur inespérée, et qui ont fait accomplir à la vapeur et à l'électricité des prodiges que, dans une époque plus reculée, on n'eût pas manqué d'attribuer au pouvoir de satan. C'est ainsi que dans les fabriques, dans les manufactures et même dans nos champs, les machines font souvent mille fois plus de besogne que n'auraient pu le faire les bras de ceux qui, grâce à leur aisance, ont le loisir de s'instruire et de cultiver leur esprit au lieu de cultiver la terre *manu propria*. Jamais l'abolition du luxe et l'introduction générale d'un genre de vie rustique n'eussent pu atteindre ces résultats. Les choses les plus rares autrefois sont aujourd'hui communes et à bon marché et la vie des classes inférieures a gagné en comfort, autant que celle des riches. On a vu dans le moyen âge un roi d'Angleterre emprunter à l'un de ses grands dignitaires une paire de bas de soie pour donner audience à l'ambassadeur de France. La reine Elisabeth elle-même ne fut pas peu réjouie et surprise, lorsqu'en 1560 elle reçut comme étrenne la première paire de bas de soie. (D'Israeli, I, 332.) De nos jours, chaque commis de magasin en possède de pareilles. Il y a cinquante ans, les dames portaient des robes en cotonnade semblables à celles que les servantes portent aujourd'hui. Il n'est pas impossible, si l'invention des machines continue quelque temps de ce train, qu'on parvienne un jour à éviter presqu'entièrement l'emploi des bras humains, comme c'est déja le cas d'une grande partie des forces de chevaux. On aurait raison alors d'oser espérer une civilisation générale, qui, par contre, demeurera impossible tant qu'une grande partie des hommes sera assujetie à un rude travail physique. L'irritabilité et la sensibilité resteront toujours en général comme en particulier dans un antagonisme perpétuel, car leur principe vital est le même. *Artes molliunt mores;* il faut donc espérer que les guerres en grand, et les rixes et les duels en petit, devenant de jour en jour plus rares, finiront par disparaître complétement. Mais mon but n'est pas d'écrire une utopie.

Outre les considérations que je viens d'exposer, il est une autre argumentation contre l'abolition du luxe et la distribution égale du labeur physique, qu'il serait injuste de passer sous silence.

Les masses humaines ont de tout temps eu besoin de meneurs, de chefs et de conseillers, dont les fonctions et les services sont appropriés aux différents besoins des hommes. Les juges, les directeurs, les chefs d'armée, les employés, les prêtres, les médecins, les savants, les philosophes etc., n'ont-ils pas tous pour tâche, de conduire la grande majorité de cette race inepte et brouillée pour la plupart avec le bon sens, a travers le labyrinthe de la vie? Que chacun de ces mentors soit, non-seulement exempté des travaux physiques, du besoin et des incommodités de la vie, mais qu'il puisse aussi, selon le degré de ses services, posséder plus et jouir de plus de droits que le commun des mortels, cela n'est que juste et équitable. Même le marchand en gros, ne doit-il pas appartenir à cette classe privilégiée, en raison de sa prévoyance des besoins du peuple et de son empressement à les satisfaire?

La question de la souveraineté n'est au fond que celle de savoir si quelqu'un a le droit de gouverner un peuple contre son gré. Je ne vois pas comment il serait possible de soutenir raisonnablement une pareille théorie. Sans aucun doute le peuple est souverain! Mais, c'est un souverain *éternellement mineur*, qui doit toujours rester sous tutelle, et qui ne saurait jamais, sans danger imminent, jouir de la plénitude de ses droits. Cette jouissance serait d'autant plus dangereuse qu'il pourrait facilement devenir le jouet des escrocs, autrement appelés démagogues.

Voltaire a dit que «le premier qui fut roi fut un soldat heureux». En effet, les princes n'étaient originairement que des chefs victorieux et c'est en cette qualité qu'ils ont régné longtemps. Ils n'ont pas manqué, après l'établissement des armées permanentes, de considérer leurs peuples comme un moyen de subsistance pour eux et leurs soldats; c'est à dire comme un troupeau qu'on soigne afin d'en tirer de la laine, du lait et de la viande. Cela ne pouvait manquer d'arriver, car la nature, comme on verra plus loin, n'a pas donné le pouvoir en ce monde au droit, mais bien à la force, qui jouit en conséquence de l'avantage du «*primi occupantis*». Cet avantage ne saurait être ni annulé, ni supprimé, et il trouvera toujours des réprésentants sur notre planète. La seule chose qu'on puisse désirer, c'est que la force soit du côté du droit, et fasse cause commune avec lui. Le prince dit au peuple: «Je vous gouverne par la violence, mais la mienne en exclut toute autre, car je ne tolérerai aucune force à côté de la mienne ni à l'intérieur, ni venant de l'extérieur; c'est ce qui fait qu'avec moi vous êtes débarrassés de la violence des autres.» Et c'est parce que ce pacte n'a pas été tenu, que les progrès du temps ont pu faire de la royauté tout autre chose que ce qu'elle représentait primitivement et qu'on a pu refouler peu à peu dans l'ombre l'idée première de ce pacte, qui reparait parfois comme un fantôme sur la scène du monde. Cette idée a été remplacée par celle de père du peuple, et le roi est devenu le pilier inébranlable qui maintient l'ordre légal et défend les droits de tous. Il ne peut s'acquitter de cette tâche, que grâce au privilége de sa naissance, qui lui donne, à lui seul, cette autorité sans égale qui ne saurait être ni mise en doute, ni attaquée, et à laquelle chacun obéit instinctivement. C'est donc avec raison qu'il se dit nommé «par la grâce de Dieu», car c'est lui qui est la personne la plus utile de l'état et ses services ne sauraient être payés trop cher par la liste civile la plus exorbitante.

Malgré l'époque plus avancée où il vécut, Machiavel part encore de l'idée du moyen âge, qui considère le souverain comme une chose qui s'entend de soi-même: c'est pourquoi il ne l'explique pas, il le sous-entend et il base là-dessus les conseils qu'il donne. Son livre n'est en général que la pratique de son temps transformée en théorie avec une conséquence et un système remarquables, et c'est cette forme nouvelle pour l'époque, qui lui donne un air si piquant. Il en est de même, comparativement, de l'immortel opuscule de La Rochefoucauld, avec cette différence qu'au lieu de la vie publique c'est la vie privée qui l'occupe, et qu'au lieu de donner des conseils il ne fait qu'observer. Il n'y a qu'une chose qu'on pourrait ne pas approuver dans ce charmant petit livre, c'est le titre qu'il porte. La plupart des « maximes » et des « réflexions » ne sont que des aperçus et c'est le titre que ce livret devrait porter. Il y a d'ailleurs dans Machiavel aussi bien des choses qui s'appliquent à la vie privée.

Le droit par lui-même est impuissant; de par la nature, c'est la force qui gouverne. Le problème de la politique est de faire passer la force dans le camp du droit, et certes ce n'est pas chose facile. On en conviendra surtout en songeant à l'égoïsme incommensurable qui est niché dans la presque totalité des cœurs humains, égoïsme auquel il faut joindre, à peu d'exceptions près, une provision de haine et de méchanceté primitive assez considérable, ce qui fait que dans l'origine le νεῖχος dépasse de beaucoup la φιλία. Et ce sont des millions d'individus constitués de la sorte, qu'il s'agit de maintenir dans les bornes de l'ordre, de la paix, de la tranquillité et de la légalité, sans oublier que chacun d'eux a néanmoins le droit de dire à son prochain: « Ce que tu es, je le suis aussi »! Tout bien considéré, on doit encore s'étonner de ce qu'en somme, tout se passe en ce bas monde d'une manière aussi régulière et aussi pacifique; et à qui faut-il attribuer ce résultat, si ce n'est à l'action de la machine gouvernementale? Il n'y a que la force physique seule qui ait une action directe et immédiate, car ce n'est en général qu'à elle seule que la masse des hommes accordent respect et obéissance. Si par impossible on voulait faire l'expérience d'abolir toute contrainte, en demandant aux hommes l'exécution de choses basées sur la raison, le droit et l'équité, mais contraires à leur intérêt, on ne tarderait pas à reconnaître dans le ricanement qu'on obtiendrait pour réponse, l'impuissance des exigences purement morales. C'est donc la force physique seule qui est en état de se faire respecter. Mais cette force-là, qui le nierait, se trouve d'origine au pouvoir des masses, où l'ignorance, la bêtise et l'injustice ne manquent pas de lui tenir compagnie. Le problème de l'art gouvernemental consiste donc à parvenir, malgré la difficulté des circonstances, à soumettre la force physique à l'intelligence, et à la rendre docile aux influences des esprits supérieurs. Si par malheur les esprits intelligents sont animés de mauvaises intentions, l'état offre alors le spectacle d'un pays composé de dupes et d'imposteurs. Mais cet état de choses, d'ailleurs, ne saurait à la longue demeurer caché à l'intelligence des masses, qui suit, quoique lentement, une marche ascendante et qui, malgré toutes les entraves qu'on lui oppose, finit par amener une révolution. Si au contraire la justice et les bonnes intentions sont dans le camp de l'intelligence, l'état doit atteindre le degré de perfection accessible aux entreprises humaines. Il est très utile à cet effet, que la justice et les bonnes intentions ne soient pas seulement présentes, mais il faut aussi qu'elles soient palpables, démontrables et soumises au controle du public, en évitant toutefois que par cette participation de plusieurs individus au maniement de la force, le point principal du pouvoir de l'état ne perde de la concentration et de la force qui lui sont nécessaires pour son action intérieure et extérieure, ce qui arrive ordinairement dans les républiques. Trouver la forme de gouvernement qui réponde à ces besoins variés serait donc le but suprême de la politique. Celle-ci doit en outre ne pas perdre de vue la matière première soumise à son travail, c. à. d. la nation elle-même et ses particularités nationales, dont les défauts et les qualités doivent influer essentiellement sur le plus ou moins de perfection de l'œuvre.

La politique aura bien merité de l'humanité,

quand sa tâche sera résolue au point de laisser le moins possible de champ libre à l'injustice, car la solution sans reliquat de ce problème est un but idéal, qui ne saurait jamais être atteint qu'approximativement. Dès qu'on expulse l'injustice d'un côté, elle revient par une voie detournée, tant elle est profondément enracinée dans la nature humaine. On cherche à atteindre ce but idéal en perfectionnant la constitution et les lois, mais cela ne l'empêchera guère de rester éternellement à l'état d'asymptote, car les idées abstraites n'épuiseront jamais la variété des cas réels. Ces idées ont cela de commun avec le pierres des tableaux en mosaïque, qu'elles ne rendront jamais qu'imparfaitement les nuances du pinceau. Toute expérience en cette matière est dangereuse, car c'est à la nature humaine qu'on a affaire, et le maniement de ce corps est pour le moins aussi périlleux que celui de l'or fulminant. Comprise de cette manière, la liberté de la presse est à la machine de l'état, ce que la soupape de sûreté est à la locomotive: le mécontentement qui se manifeste en paroles, finit par s'épuiser, lorsqu'il n'est pas trop abondamment alimenté, et dans ce cas, il est sage de le reconnaître et d'en tenir compte en temps utile. Cela vaut bien mieux que de laisser le mécontentement réprimé, fermenter, grandir et finir par faire explosion. On ne saurait nier, d'un autre côté, que la liberté de la presse équivant a la permission de vendre sans contrôle du poison; du poison pour l'esprit et pour le cœur. Car, en effet, que ne peut-on pas mettre en tête aux masses ignorantes et incapables de juger, surtout lorsqu'on fait briller à leurs yeux l'appât de l'intérêt et du gain, et quel est le crime qu'un homme serait incapable de commettre lorsqu'il est possédé d'une idée préconçue? Je crains fort, par conséquent, que les dangers de la liberté de la presse ne surpassent son utilité, surtout dans les pays où les voies légales sont ouvertes à toute plainte justifiable. Cette liberté devrait dans tous les cas être accompagnée de la défense la plus sévère et la plus absolue de toute anonymie.

La nature du droit a beaucoup d'analogie avec celle de certaines substances chimiques, que nous ne pouvons nous représenter sans l'alliage d'une matière plus consistante, qui leur serve de porteur. Le fluor, l'alcool, l'acide prussique, et autres, ne sont saisissables qu'avec l'alliage d'autres substances. Il en est de même du droit; si l'on veut qu'il prenne racine dans le domaine de la réalité, il est indispensable de lui adjoindre, comme corollaire, une petite dose de pouvoir discrétionnaire, qui donne a cette substance éthérée la consistance nécessaire pour agir et subsister dans le monde de la matière, et l'empêche de s'envoler au ciel comme cela lui arrive dans les œuvres d'Hésiode. Il faut considérer le droit de naissance, les priviléges héréditaires, la religion d'état, etc., comme les bases chimiques, car ce n'est que sur un fondement de cette consistance, que son action peut se faire valoir d'une manière efficace et conséquente. Cet alliage serait donc le δος μοι παῦσιν du droit.

On a eu beau essayer de substituer au système des plantes artificiellement et arbitrairement choisi par Linné, un système plus naturel et plus rationel, on n'y est jamais parvenu, malgré le nombre et l'ingéniosité des essais, parce qu'un système naturel ne saurait avoir la précision et la stabilité des définitions, propres au système artificiel et arbitraire. C'est ainsi que la base artificielle et arbitraire de la constitution de l'état, comme il a été demontré plus haut, ne pourrait être remplacée par aucune base plus naturelle. Il est impraticable de substituer au droit de naissance et à la religion d'état le mérite personnel et les résultats des recherches de la philosophie. Nul doute, ce mode de procéder serait bien plus rationnel, mais il lui manquerait cette précision et cette solidité de principes, qui seules peuvent assurer la stabilité de l'ordre. Une constitution qui serait l'expression pure du droit abstrait, serait une chose excellente pour d'autres êtres que les hommes, car la plupart de ceux-ci sont égoïstes, injustes, menteurs, parfois méchants et souvent très médiocrement doués d'intelligence, et ce sont les vices des hommes qui ont nécessité la création d'un pouvoir concentré dans les mains d'un seul homme placé au dessus de la loi et du droit, presque irresponsable, devant lequel tout s'incline et qu'on considère comme un être supérieur, un souverain « par la grâce de Dieu ». Ce n'est que par lui qu'à la longue les hommes se laissent dompter et gouverner. Nous voyons bien les États-Unis de l'Amérique du Nord essayer d'arriver au but en écartant tout ce qui est arbitraire et en se basant sur le droit pur et primitif. Mais le résultat de cet essai n'est guère séduisant, car malgré toute la prospérité matérielle du pays, quelles sont les tendances qui y dominent? C'est l'utilitarisme le plus bas et sa compagne inévitable l'ignorance, qui n'ont pas manqué de frayer le chemin à la stupide bigoterie anglicane, à l'outrecuidance la plus insensée et à la férocité la plus brutale. Des maux pires encore que ceux-là y sont à l'ordre du jour: l'esclavage criant des nègres joint à la plus grande férocité contre les esclaves, l'oppression la plus injuste des noirs libres (*lynchlaw*), l'assassinat fréquent et impuni, les duels d'une cruauté inouie, souvent aussi le mépris ouvert du droit et des lois, la répudiation des dettes publiques, les escroqueries politiques les plus révoltantes des provinces l'une vis-à-vis de l'autre, qui ont pour conséquence les incursions les plus rapaces dans les limites de l'état voisin, incursions qu'on cherche toujours à enjoliver en haut lieu par des mensonges que tout le monde connaît pour tels; l'ochlocratie croissante et la décomposition de la morale privée, provoquée inévitablement par l'influence pernicieuse de la répudiation publique du droit et par des mensonges officiels. Tels sont les résultats de cette épreuve de démocratie, et je crois que l'essai de constitution, effectué sur le revers de notre planète, ne parle guère en faveur des républiques, dont la cause est également perdue par les imitations qu'on en a faites au Mexique, au Guatemala, en Colombie et au Perou. Les républiques ont encore un désavantage particulier, quoique d'apparence paradoxale, c'est que les esprits réellement supérieurs y ont plus de peine à arriver aux places élevées et à l'influence directe sur les affaires politiques, que dans les monarchies. En effet, les esprits d'élite rencontrent en toute circonstance la résistance de la ligue des êtres bornés, sots et vulgaires, qui sont les ennemis naturels des intelligences supérieures, et la peur que ces derniers leur inspire les jette instinctivement dans le complot permanent des sots contre les hommes de mérite. Une constitution républicaine est toujours plus propice au bataillon si nombreux des médiocrités, qui parviendra facilement à opprimer et à écarter ceux dont il craint d'être devancé, et forts de l'égalité de leur droit primitif, ils sont toujours dans la proportion de 50 contre 1. Cette ligue des inepties si naturelle et si générale n'est que partielle dans les monarchies, où elle ne part que des couches inférieures de la société, car l'esprit et le talent y trouvent toujours aide et protection dans les sphères plus élevées. La position du souverain est d'abord beaucoup trop élevée et trop stable, pour qu'il ait à craindre la compétition de qui que ce soit; il sert l'état par sa volonté, plus que par sa tête, qui ne pourrait d'ailleurs jamais satisfaire aux exigences si multiples qui lui sont adressées.

Le souverain est donc forcé de se servir toujours de l'intelligence d'autrui et il est naturel que, vu l'identité de ses intérêts avec ceux de la nation, il choisisse et favorise toujours les têtes les mieux douées, c'est à dire, les instruments les plus utiles à ses bonnes intentions. Il n'a besoin pour cela que de savoir choisir et ce n'est pas si difficile, lorsqu'on en a la bonne volonté. Il en est de même des ministres, qui ont tant d'avance sur les hommes d'état à venir, qu'ils ne seront que peu accessibles à la jalousie et que par des raisons analogues ils favoriseront toujours les hommes de talent pour ne pas se priver des services de leurs capacités et de leur savoir. Il est donc évident que l'intelligence a bien plus de chances dans les monarchies que dans les républiques, d'échapper aux poursuites de son ennemi irréconciliable et universel, *la bêtise, et c'est un avantage qui n'est pas à dédaigner.* Le caractère du régime monarchique est conforme à la nature humaine comme il l'est aussi à celle des abeilles, des fourmis, des grues, des éléphants voyageurs, des loups qui s'assemblent en troupeau pour chercher leurs proies, et de bien d'autres animaux encore, qui tous se soumettent à un seul individu pour diriger leur entreprise. Toute entreprise humaine, qui est accompagnée de dangers, telle que la marche d'une armée ou le voyage d'un vaisseau, est nécessairement conduite par un chef, car il faut partout une volonté unique, qui dirige l'expédition. L'organisme animal lui-même est constitué monarchiquement, car c'est le cerveau seul qui dirige, qui gouverne, qui est le ἡγεμονιχον. Quoique le cœur, les poumons, l'estomac, contribuent plus à l'entretien de l'existence, ces petits bourgeois ne peuvent néanmoins ni diriger ni conduire, car la direction est l'affaire du cerveau et doit émaner d'un seul point. Le système planetaire aussi est monarchique. Le système républicain, par contre, est tout aussi opposé à la nature de l'homme, qu'il est défavorable au développement intellectuel et à la prospérité des arts et des sciences. C'est ainsi que nous voyons sur toute la surface de la terre les peuples, quelque soit le degré de leur developpement, se soumettre au régime monarchique.

Οὐκ ἀγαθὸν πολυκοιρανίη, εἷς κοίρανος ἔστω,
εἷς βασιλεύς.

Iliade, II, 204.

Et comment serait il autrement possible que des millions d'êtres humains obéissent à un seul homme, parfois même à une femme ou à un enfant, si les hommes n'étaient pas poussés à cette obéissance par l'instinct monarchique, qui est inné, inhérent à la nature humaine et qui n'est pas le produit de la réflexion? La dignité royale est, dans la plupart des cas, héréditaire. Le roi est, pour ainsi dire, la personnification, le monogramme de son peuple, qui devient par lui une individualité, et c'est dans ce sens que le roi a raison de dire: «L'État c'est moi.» C'est pourquoi nous voyons dans les drames historiques de Shakespeare les rois d'Angleterre, de France, et l'archiduc d'Autriche s'interpeller mutuellement par «France» «England» «Austria» (K. John, III, 1) se considérant en quelque sorte comme les incarnations des nationalités qu'ils représentent. Tout cela est conforme à la nature de l'homme et c'est ce qui explique pourquoi le monarque héréditaire ne saurait séparer son bien-être et celui de sa famille de celui de son pays, ce qui arrive souvent avec les chefs élus, dont le souverain Pontife Romain est un triste exemplaire. Les Chinois ne comprennent pas d'autre gouvernement que la monarchie, ils sont même incapables de se figurer ce que c'est qu'une république. Lorsqu'en 1658 l'ambassade hollandaise arriva en Chine, elle fut obligée de faire passer le Prince d'Orange pour le Roi de Hollande, car les Chinois eussent été enclins à considérer la Hollande comme un repaire de pirates qui vivent sans chefs (v. Jean Nienhoff, L'Ambassade de la compagnie orientale des Provinces-Unies vers l'Empereur de la Chine, trad. par Jean le Charpentier, à Leyde 1665, Chap. 45). Stobée a fait un chapitre spécial, intitulé : ὅτι κάλλιστον ἡ μοναρχιά (Floril. Tit. 47; Vol. 2. pag. 256—263) dans lequel il a compilé les meilleurs passages des anciens relatifs aux avantages du système monarchique. Les républiques étant contraires à la nature de l'homme, ne sont que le produit artificiel de la réflexion et ne figurent dans l'histoire que comme de rares exceptions. Les petites républiques grecques, celle de Rome et celle de Carthage n'ont existé que parce que les $^5/_6$, peut-être même les ⁷/₈ de la population étaient composés d'esclaves. Et les États-Unis d'Amérique n'avaient-ils pas en 1840 3 millions d'esclaves sur 16 millions d'habitants? C'est aussi la raison pour laquelle la durée des républiques de l'antiquité est bien minime en comparaison de celle des monarchies. *Les républiques sont, en général, faciles à établir et difficiles à conserver.* C'est le contraire qui est le cas des monarchies.

Si on voulait énoncer une utopie, on pourrait dire que la seule solution possible du problème pourrait être obtenue par le despotisme des sages et des nobles d'une vraie aristocratie et d'une vraie noblesse, créée par la voie de la génération, c. a. d. par l'union des hommes au cœur le plus noble avec les femmes les plus spirituelles et les plus sages. Voilà mon utopie et ma « république de Platon ».

Les rois constitutionnels ont une ressemblance indéniable avec les dieux d'Epicure. Ils habitent comme eux les hauteurs célestes, sans laisser troubler la quiétude de leur âme par les affaires humaines. Ils sont cependant très à la mode à l'heure qu'il est, et chaque principicule allemand croit de son devoir d'exécuter sa petite parodie de la constitution anglaise; chambre des seigneurs, chambre des communes, acte de l'habeas-corpus et jury, tout le tremblement y est au grand complet. Issus du caractère anglais et de l'histoire anglaise, qui en sont les conditions indispensables, ces formes sont en parfait accord avec l'esprit et le caractère du peuple anglais; il en est de même en Allemagne pour la division en petits états, gouvernés par des princes soumis à un Empereur, qui assure la paix intérieure et représente l'union allemande devant les puissances étrangères. Je suis d'avis que, si l'Allemagne veut éviter le sort de l'Italie, il faut qu'elle rétablisse, et cela le plus effectivement possible, la dignité impériale, abolie par son ennemi juré le premier Bonaparte. Car ce n'est qu'avec un Empereur que l'unité de l'Allemagne sera rétablie, et sans lui cette unité ne sera jamais que fictive et précaire. Mais comme nous ne sommes plus à l'époque de Gontran de Schwarzbourg, où l'élection de l'Empereur était une chose sérieuse, la couronne impériale devrait alterner viagèrement entre l'Autriche et la Prusse.* La souveraineté

---

* Il ne faut pas oublier, que ces lignes ont été écrites bien avant la bataille de Koeniggrætz, qui a rendu la compétition de l'Autriche impossible.

(Note du Traducteur.)

absolue des petits états est à mon avis, et les événements l'ont prouvé, une chose tout a fait illusoire. Napoléon Ier a agi envers l'Allemagne de la même manière qu'Otton le Grand envers l'Italie. Fidèle à la maxime «divide et impera», il l'a divisé en plusieurs petits états indépendants, qu'il n'avait plus à craindre. Les Anglais font preuve d'un grand esprit en tenant pour sacrées leurs anciennes institutions et leurs us et coutumes, au risque même de pousser cette ténacité jusqu'au ridicule. Loin d'être des élucubrations d'un cerveau désœuvré, elles furent produites graduellement par la force des circonstances et par la science de la vie, qui les ont adaptées au caractère national. Le *Deutsche Michel* au contraire s'est laissé persuader par son maître d'école, qu'il devait absolument porter un frac anglais, toute autre tenue étant indécente; il a donc fini par extorquer à son papa ce costume, dont il s'affuble, tout en gardant ses manières gauches, et ce déguisement lui fait faire une bien piteuse figure. Ce frac anglais le gênera encore souvent dans les entournures, surtout par l'institution du jury, institution due à la période la plus sauvage du moyen âge de l'Angleterre, à l'époque d'Alfred le Grand, époque à laquelle un homme qui savait lire et écrire était exempté de la peine de mort. Le jury est la pire des cours criminelles, parce qu'au lieu de juges instruits et exercés par la pratique quotidienne à déjouer les ruses et les feintes des voleurs, des escrocs et des assassins, ce sont des marchands tailleurs et des gantiers qui tiennent les balances de la justice. Ces gens à l'esprit étroit, grossiers, incapables d'une attention suivie, et qui pensent souvent pendant le cours du procès aux affaires qui les attendent à leur boutique, sont appelés à débrouiller le tissu de mensonges qu'on présente à leur appréciation. Ne pouvant pas se rendre compte de la différence qui existe entre une apparence et une certitude, ils se livrent ordinairement avec leur cerveau troublé à une espèce de *calculus probabilium*, d'après lequel ils prononcent tranquillement le verdict qui décide de la vie de leur prochain. On peut hardiment leur appliquer les paroles par lesquelles Samuel Johnson manifesta sa méfiance contre un conseil de guerre qu'on venait de convoquer à la hâte. Johnson dit qu'il était probable qu'aucun des membres dont ce conseil était composé n'avait passé une seule heure de sa vie à peser, à part soi, la valeur des probabilités. (Boswell, Life of Johnson a. 1780. Tractat 74; Vol. IV, p. 292 de l'édition en 5 volumes.) On s'imagine que ce *«malignum vulgus»* sera bien impartial. Lui, impartial? On dirait que la partialité est moins à craindre des égaux de l'accusé que de juges inamovibles, vivant dans des régions qui sont complétement étrangères à l'accusé et ayant conscience de l'honneur de leur charge et des devoirs de leur mission. Déférer à la connaissance du jury les crimes contre l'état et contre le chef de l'état, ainsi que les délits de presse, n'est-ce pas, comme dit le proverbe, donner la bourse au plus larron? Il y eu de tout temps et partout beaucoup de mécontentements contre les gouvernements, contre les lois et contre les institutions publiques, et la cause principale en est qu'on a toujours été prêt à mettre à la charge de ceux-ci toutes les misères qui sont inséparables de la nature humaine, et qui, allégoriquement parlant, sont la malédiction reçue par Adam et transmise par celui-ci en héritage à sa race. Mais jamais cette illusion n'a été exploitée d'une manière aussi mensongère et aussi impudente que par les démagogues de notre siècle. Ennemis du Christianisme, ils sont nécessairement optimistes: le monde étant pour eux le but absolu, ils doivent le représenter comme admirablement organisé à son origine. Il le considèrent donc comme un vrai séjour de délices, ou, du moins, ils veulent le faire passer pour tel. Partant de ce principe, il faut bien attribuer à quelqu'un les misères criantes et colossales dont ce monde pullule. On dit alors que, si les gouvernements faisaient leur devoir, on verrait la terre se transformer en paradis, c'est-à-dire, que tout le monde pourrait, sans peine ni soucis, boire et manger à gogo, se propager et crever ensuite. N'est ce pas là la paraphrase de leur « but absolu » et des « progrès énormes de l'humanité », dont ils ne cessent, à son de trompe, de nous annoncer les exploits.

Autrefois c'était le *Credo* qui était le principal appui du trône, aujourd'hui c'est le crédit. Le Pape lui-même ne tient guère moins à la confiance de ses créanciers qu'à celle de ses croyants. On déplorait autrefois les fautes des hommes; c'est avec effroi qu'on jette aujourd'hui un regard sur leurs dettes, et au lieu et place de la prophétie du jugement dernier, on se plait aujourd'hui à prédire la grande banqueroute universelle, mais aussi, comme autrefois, avec le ferme espoir de ne pas l'éprouver soi-même.

Le droit de propriété est moralement et rationnellement mieux établi que celui de la naissance, mais ces deux droits sont si étroitement entrelacés qu'on ne saurait guère retrancher l'un, sans mettre l'autre en danger.* En effet, la plus grande partie de la

---

* Sous bien des rapports, ils ressemblent aux frères Siamois, temoins leur haine et leur solidarité.

(Note du Traducteur.)

propriété n'est elle pas héritée, et n'est ce pas, par conséquent, une espèce de droit de naissance? La vieille noblesse ne porte que le nom de sa terre allodiale, et ce nom n'est que l'expression de la propriété. Tous ceux qui possèdent devraient donc, s'ils étaient sages au lieu d'être envieux, aider au maintien des droits de naissance, et cesser de pérorer contre eux.

La noblesse est doublement utile: elle sert à maintenir le droit de propriété et elle appuie le droit de naissance du souverain, car le roi étant le premier gentilhomme de son pays, doit considérer tout noble comme un parent inférieur. Il le traite tout autrement que le bourgeois le plus haut placé dans sa confiance, et il est tout naturel qu'il ait plus de confiance et d'abandon pour les descendants de ceux qui formaient autrefois l'entourage le plus proche de ses ancêtres. Un gentilhomme a donc parfaitement le droit d'invoquer l'autorité de son nom en offrant au roi les assurances de sa fidélité et de son dévouement, car on hérite toujours du caractère de son père et il serait vraiment absurde et ridicule de ne pas vouloir mettre cette influence en ligne de compte.

Les femmes sont, à de rares exceptions près, portées à la dissipation. Toute fortune devrait donc, à l'exception des cas peu fréquents où elles l'auraient acquise elles-mêmes, être mise à l'abri de leurs folies et de leurs dissipations. Je suis même d'avis que les femmes ne sont jamais majeures, et devraient toujours rester sous une surveillance masculine, soit celle du père, soit celle du mari, soit celle du fils, soit celle de l'état, — comme c'est le cas aux Indes. Il importe qu'elles ne puissent jamais disposer sans contrôle d'une fortune qu'elles n'ont pas acquise. Abandonner à la femme la tutelle et la gestion de l'héritage paternel de ses enfants est, à mon avis, une folie pernicieuse et impardonnable. Dans la plupart des cas, cette femme ne manque pas de dissiper avec son amant (qu'elle l'épouse ou qu'elle ne l'épouse pas) les fruits du labeur d'une vie que l'amour des enfants a rendue active et fertile. Papa Homère lui-même nous a averti de ce danger (voyez Od. XV. 20).

Une mère se transforme souvent en marâtre après la mort de son mari, et ce ne sont d'ailleurs que les belles-mères qui ont cette mauvaise réputation, car aucune langue n'a su produire l'expression équivalente pour le sexe masculin, et cette réputation que les femmes avaient déjà du temps d'Hérodote (IV, 154) elles ont su la garder jusqu'à nos jours. La femme ayant, en toute occasion, besoin d'un protecteur, ne saurait guère adopter le rôle de tutrice. La femme qui n'a pas aimé son mari, n'aimera jamais les enfants qu'il lui a donnés, au delà de l'âge de l'amour instinctif qui n'a pas de valeur morale dans l'appréciation de l'amour maternel. Je suis, en outre, de l'opinion, que le témoignage d'une femme devant la justice devrait avoir, «*ceteris paribus*», moins de poids que celui d'un homme, c.-à-d., que des témoignages d'hommes équivaudraient au double ou au triple des témoignages feminins, parce que le beau sexe émet journellement, à ce que je crois, trois fois plus de mensonges que le sexe fort, et que ces mensonges sont, par-dessus le marché, accompagnés d'une mise en scène vraisemblable et d'une apparence de sincérité que le sexe fort est incapable d'atteindre. Les Mahométans, il est vrai, vont trop loin dans la direction contraire. Ainsi, un jeune turc, très instruit, me disait un jour: «Nous ne considérons la femme que comme une terre à laquelle on confie la semence, c'est pourquoi la religion de nos femmes nous est indifférente, et nous pouvons parfaitement épouser une Chrétienne sans exiger sa conversion.» Quand je lui demandai si les derviches étaient mariés, il me répondit: « cela s'entend de soi-même;

le Prophète ayant été marié, ils n'oseraient pas vouloir être plus *saints que lui.*»

Ne serait-il pas utile d'abolir les jours de fête, et de les remplacer par le nombre équivalent d'heures de repos et de récréation? Ne serait ce pas un bienfait de répartir les 16 heures si ennuyeuses et par conséquent si dangereuses du dimanche, entre les autres jours de la semaine? On aurait 2 heures de repos par jour, ce qui ferait 14 pour les 7 jours de la semaine, et on ajouterait les deux heures restantes pour les actes de dévotion du dimanche, ce qui serait très-suffisant, parce que la méditation religieuse n'est pas en état d'obtenir une attention sérieuse plus prolongée. Les anciens, non plus, n'avaient pas de jour de repos. La seule objection sérieuse qu'on pourrait faire à cette proposition, serait la difficulté de garantir les deux heures quotidiennes de repos, contre l'invasion des spéculateurs capitalistes.

Le Juif errant, Ahasverus, n'est autre chose que la personnification du peuple juif. C'est pour avoir cruellement outragé le Redempteur, qu'il est condamné à porter éternellement le fardeau de la vie et à errer en pays étrangers sans jamais pouvoir trouver une patrie. C'est bien là le crime de ce petit peuple juif, qui, chassé il y a près de 2000 ans du pays qu'il habitait, n'a pas cessé d'exister, tout en demeurant étranger aux pays qu'il habite.

N'est-il pas étrange que tant de grandes et glorieuses nations, telles que les Assyriens, les Mèdes, les Perses, les Phéniciens, les Égyptiens, les Étrusques etc. aient disparu complétement du globe pendant que cette nation de contrebande, qui n'aurait même pas le droit d'être mentionnée à côté des précédentes, continue à traîner son existence, sans avoir pu trouver de patrie. Aujourd'hui encore on retrouve partout cette « gens extorris» ce *Jean-sans-terre* entre les nations, nulle part chez soi et nulle part étranger, conservant avec une ténacité sans exemple sa nationalité, et désirant toujours, à l'exemple d'Abraham qui, tout en étant un étranger à Canaan, est devenu petit à petit, ainsi que son Dieu le lui avait promis, le maître du pays entier (1 Moïse 17, 8), prendre racine, n'importe où, et regagner une terre à soi sans laquelle un peuple n'est jamais qu'un ballon lancé en l'air.* En attendant ce jour, ce peuple

---

* Moïse (I, IV, 1399., et Lib. V, c. 2) nous donne un exemple frappant des usages qui accompagnaient la migration graduelle des habitants du globe terrestre, en nous montrant comment les hordes mobiles s'efforçaient d'expulser les peuples qui étaient en possession des bonnes terres. L'acte le plus récent en ce genre, fut la grande migration des

continue à vivre en parasite du labeur des autres nations, sans discontinuer d'être animé du patriotisme le plus ardent pour sa propre nation, patriotisme qui se manifeste par cette solidarité extraordinaire, qui fait que chacun est défendu par tous et tous par chacun. Ce patriotisme *«sine patria»* inspire plus d'exaltation à ses adeptes que tout autre amour du pays. La patrie du juif, ce sont les autres juifs, c'est ce qui fait qu'il est prêt à combattre pour eux, comme si c'était *«pro ara et focis»*, et qu'aucune communauté au monde ne tient si bien ensemble que celle de ces nomades. On voit clairement par ce qui vient d'être dit, combien il serait absurde de vouloir accorder aux juifs une part active dans le gouvernement et l'administration de l'état. Leur religion, fondue des l'origine avec leur constitution, n'est nullement le but principal de leurs poursuites, elle n'est plutôt qu'un

---

peuples, commencée au IVe siècle de notre ère, ou plutôt la conquête de l'Amérique et le refoulement des sauvages de l'Amérique et de l'Australie, qui continue encore de nos jours.

Les Romains ont joué à l'occident le rôle que les Juifs ont eu en orient lorsqu'ils se fixèrent dans la terre promise. C'est le rôle d'un peuple d'émigrants qui en faisant continuellement la guerre à ses voisins, finit par les subjuguer. Il est vrai que les Romains sont allés bien plus loin que les Juifs.

point de ralliement, un drapeau, auquel ils se reconnaissent. La preuve en est que le juif baptisé n'est pas du tout honni et conspué par ses anciens coréligionnaires comme le sont en général les apostats, et qu'à l'exception de quelques fanatiques, les autres juifs ne cessent pas de le traiter en compatriote. Il est même permis d'admettre un juif baptisé aux prières solennelles, qui exigent la réunion de 10 personnes, tandis qu'il est inadmissible d'y faire assister tout autre chrétien. Il en est de même de toutes les autres cérémonies du culte. La chose serait encore plus palpable, si un jour le Christianisme tombait complétement en désuétude, car les juifs dans ce cas ne cesseraient pas pour cela d'être une caste à part, et ne renonceraient jamais à la solidarité qui les lie. C'est donc se placer à un point de vue très superficiel et faux que de considérer les juifs comme une secte purement religieuse. Donner au judaïsme le nom de *confession* juive, nom emprunté à l'église chrétienne, c'est une faute peut-être sciemment introduite par les juifs eux-mêmes, et qu'on ferait bien de ne pas tolérer. C'est *nation juive* qu'on devrait dire pour être dans le vrai. Les juifs n'ont pas de « confession »: le monothéisme est aussi inhérent à leur nationalité qu'à leur constitution et il s'entend de soi-même. Tout bien considéré, monothéisme et judaïsme sont synonymes. Qu'on attribue aux persécutions que les juifs ont subies pendant des siècles, tous les défauts de leur caractère national dont le point saillant est une absence complète de tout ce qu'on entend sous le nom de *verecundia*, je le veux bien, cela excuse en partie ces défauts, mais cela ne les abolit pas. Je ne puis qu'approuver le juif sensé qui, rejetant toutes les vieilles fables, illusions et préjugés de sa race, sort, par le baptême, d'une association qui ne lui fait pas honneur, et j'approuve cette démarche, même alors qu'il ne prendrait pas trop au sérieux sa nouvelle foi; je me permettrai d'ailleurs de douter que tous les jeunes chrétiens qui récitent leur *Credo* pendant leur première communion, en soient bien pénétrés. Je serais d'avis qu'il faudrait même épargner aux juifs éclairés cette démarche pénible, et mettre fin à l'existence tragi-comique du judaïsme en permettant et en favorisant même les mariages entre juifs et chrétiens; l'église n'a pas le droit de s'opposer à cette mesure qui a pour elle l'autorité de l'apôtre (1. Cor. 7, 12—16). Si on l'adoptait partout, au bout de 100 ans il n'y aurait plus de juifs*,

---

* La preuve que Schopenhauer avait raison, c'est qu'en France, où les mariages mixtes sont permis, le juif ne se distingue presque plus des autres Français.

(Note du Traducteur.)

le charme alors serait rompu, le fantôme d'Ahasverus trouverait enfin le repos éternel, et « le peuple élu de Dieu » ne saurait pas lui-même ce qu'il est devenu. Mais la réalisation de ce but si désirable échouerait complétement, si on poussait l'émancipation des juifs jusqu'à leur accorder des droits politiques, c'est à dire une participation au gouvernement et à l'administration des pays chrétiens. Car c'est alors qu'ils seraient *con amore* plus juifs que jamais. Qu'on leur accorde la parité des droits civiques, ce n'est qu'équitable: mais leur permettre de se mêler de la politique du pays est tout bonnement absurde, car ils sont jusqu'à présent un peuple oriental étranger et ils doivent, par conséquent, toujours être traités en étrangers. Lorsqu'il y a quelques dizaines d'années, la question de l'émancipation des juifs fut débattue au parlement anglais, un orateur soumit à l'appréciation de la chambre l'hypothèse suivante: un juif anglais arrive à Lisbonne; il y trouve deux individus dans la plus grande détresse. Il est en mesure de pouvoir sauver l'un des deux malheureux, qui lui sont tous les deux complétement étrangers. L'un des deux est un chrétien anglais, l'autre est un juif portugais. Lequel des deux sauvera-t-il? Je pense qu'aucun chrétien sensé, ni aucun juif véridique et franc ne saurait un seul instant douter de la réponse, et c'est cette réponse qui nous donne la mesure des droits qu'on peut accorder aux juifs.

Aucune circonstance ne donne à la religion une action aussi directe et aussi incisive sur la vie pratique, que le serment. Il est déplorable, que la vie et la propriété d'un homme soient ainsi à la merci des convictions métaphysiques d'un autre homme. S'il arrive un jour, ce qui est probable, que les croyances religieuses tombent en désuétude, et que la foi disparaisse, qu'adviendra-t-il alors du serment? — Il ne serait donc pas inutile de rechercher le sens purement moral de cet acte, indépendamment de toute croyance positive, et de lui donner une expression assez pure, pour qu'elle puisse survivre, le cas échéant, à la chute des religions. On ne devrait pas s'arrêter à ce que cette formule aurait de froid et de sobre, comparée au langage pompeux et solennel du serment religieux. Le but incontesté du serment est de combattre les inclinations si connues de l'homme pour le mensonge et la fausseté, en lui rappelant en termes solennels et frappants la sainteté du devoir moral qu'il s'impose en promettant de ne pas s'écarter de la vérité dans ce qu'il aura à dire. Je vais tâcher de montrer la valeur purement morale de ce rappel au devoir.

J'ai expliqué dans mon ouvrage principal (V. 1, § 62, p. 384) et plus spécialement dans un autre ouvrage, intitulé: « Du fondement de la morale » (§ 17, p. 224—230) le sens de la proposition suivante, qui, pour paraître paradoxale, n'en est pas moins vraie: j'ai dit qu'il y avait des cas où un homme avait le droit de mentir. Ces cas sont d'abord ceux de légitime défense, c. à d. le droit d'employer la violence contre un agresseur, et ensuite ceux où l'on se trouve obsédé de questions que le questionneur n'a pas le droit de poser, et qui sont en même temps de nature à compromettre les intérêts de celui qui y répondrait, soit qu'il refuse de répondre, soit qu'il réponde selon la vérité. C'est précisément parce que dans ces cas le mensonge est autorisé, qu'il est nécessaire, dans les occasions où la veracité, et l'accomplissement de la promesse donnée ont de l'importance pour le sort d'un autre, de bien rappeler que celui qui parle, reconnaît ici l'absence des cas où le mensonge serait permis, qu'il comprend et qu'il constate qu'on ne lui fait aucune violence, qu'il sait que c'est devant la justice qu'il parle, que celui qui le questionne a le droit de le questionner, et que lui qui répond sait parfaitement la gravité et les conséquences de ses dépositions. Cette explication prouve que celui qui ment dans ces circonstances commet, en pleine connaissance de cause, une grande injustice, et que sa position est celle d'un homme auquel on a donné en pleine confiance un pouvoir qu'il peut employer selon sa volonté, soit pour le bien, soit pour le mal. S'il ment encore dans ces circonstances, il doit emporter la conviction pleine et entière qu'il est un de ceux qui, munis du pouvoir, ne l'emploieraient que pour commettre des injustices. Ce certificat contre sa propre moralité, c'est le parjure qui le lui donne. C'est ici que se rattache le besoin métaphysique inhérent à chaque être humain. Ce besoin lui prouve, plus ou moins clairement, que le monde n'a pas seulement une valeur et une signification purement physique, mais qu'il a aussi une importance métaphysique et que nos actions individuelles comportent dans le sens moral des conséquences bien plus graves et plus variées que la simple observation empirique ne leur en voudrait accorder. Je renvoie le lecteur, pour plus ample explication, à mon ouvrage précité sur la morale, en ajoutant seulement que l'homme qui disputerait à ses actes une autre signification que celle que l'observation empirique lui présente, n'énoncera jamais cette dénégation sans avoir subi un combat intérieur, et sans avoir fait préablement violence à ses convictions intimes. L'invitation au serment le pose dans la condition d'un être purement moral, qui a pleine conscience de la valeur et des conséquences de ses assertions, et cet état de choses doit faire disparaître toute autre considération, pour ne laisser l'individu qu'en face des rapports de ses dépositions avec son être moral. Il est donc indifférent que cette conviction soit motivée par un rappel vaguement senti de l'importance métaphysique de notre existence, rappel assaisonné de mythes et de fables, ou que ce motif soit élevé à la clarté et à la précision d'une pensée philosophique. Il résulte de tout ce qui vient d'être dit, qu'il n'importe guère que la formule du serment contienne telle ou telle allusion mythologique ou qu'elle soit purement abstraite, comme la formule usitée en France: «Je le jure.» Et puisqu'on fait des distinctions de formules selon les religions, il faudrait aussi choisir et adapter la formule au degré d'éducation de l'individu. Si l'on considère la chose à ce point de vue, on peut même admettre à la prestation du serment un homme qui ne reconnaîtrait aucune religion existante.

www.ingramcontent.com/pod-product-compliance
Lightning Source LLC
LaVergne TN
LVHW050616090426
835512LV00008B/1524